LAN

. . . . .

GRUNDLAGENWISSEN ÜBER NETZWERKE

. . . . .

GISELA FRANK

Anwenderleitfäden

PageMaker Version 3
von Michael H. Müller

LAN
von Gisela Frank

Word Version 5.0
von Peter Rinearson
(Ein Microsoft Press/Vieweg-Buch)

Lotus 1-2-3 Version 3
von Ekbert Hering

PC-Tools
von Stefan Hering

Norton Utilities
von Stefan Hering

Vieweg

Gisela Frank

ANWENDERLEITFADEN

LAN

Grundlagenwissen über Netzwerke

Friedr. Vieweg & Sohn   Braunschweig/Wiesbaden

Das in diesem Buch enthaltene Programm-Material ist mit keiner Verpflichtung oder Garantie irgendeiner Art verbunden. Die Autorin und der Verlag übernehmen infolgedessen keine Verantwortung und werden keine daraus folgende oder sonstige Haftung übernehmen, die auf irgendeine Art aus der Benutzung dieses Programm-Materials oder Teilen davon entsteht.

Der Verlag Vieweg ist ein Unternehmen der Verlagsgruppe Bertelsmann International.

Alle Rechte vorbehalten
© Friedr. Vieweg & Sohn Verlagsgesellschaft mbH, Braunschweig 1990
Softcover reprint of the hardcover 1st edition 1990

Das Werk einschließlich aller seiner Teile ist urheberrechtlich geschützt. Jede Verwertung außerhalb der engen Grenzen des Urheberrechtsgesetzes ist ohne Zustimmung des Verlags unzulässig und strafbar. Das gilt insbesondere für Vervielfältigungen, Übersetzungen, Mikroverfilmungen und die Einspeicherung und Verarbeitung in elektronischen Systemen.

ISBN-13: 978-3-528-04734-4   e-ISBN-13: 978-3-322-84373-9
DOI: 10.1007/978-3-322-84373-9

Vorwort

Die vorliegende Ausarbeitung soll allen Netzwerkinteressierten in Schulen und Betrieben einen breiten Überblick über die Gesamtthematik bieten.

Ziel ist es, die vielen Einzelinformationen und neuen Begriffe, die dieses Themengebiet mit sich bringt, anschaulich darzustellen und zu erklären. Es wurde deshalb ganz bewußt auf tiefergehende technische Einzelinformationen verzichtet, da sonst die Transparenz erheblich leiden würde. Allen, die mir bei der Ausarbeitung des Werkes Hilfestellungen geleistet haben, möchte ich an dieser Stelle meinen herzlichsten Dank aussprechen. Dies gilt ganz besonders den Mitarbeitern der Firma Gauch + Sturm, Computer- und Textsysteme, in Mannheim und den Mitarbeitern der Fa. Schneider & Koch & Co., Datensysteme, Karlsruhe.

Mannheim im September 1989   Gisela Frank

Inhaltsverzeichnis

Einleitung

Unsere Gesellschaft wird in nahezu allen Bereichen von modernster High Tech-Anwendung geprägt. In Industrie, Wirtschaft, Verwaltung und Schulen haben die modernen Technologien, hier besonders die Informations- und Kommunikationstechnologie, Einzug gehalten. Die Telematik gewinnt immer mehr an Bedeutung.

Eine bedeutende Stellung nehmen Minicomputer, Personalcomputer und Mainframer ein. Die meisten Computer werden zur Zeit zumeist als sogenannte "Stand-alone-Systeme" eingesetzt. Durch die immerwährenden Innovationen des Marktes und seiner Produkte einerseits und die dadurch zwangsläufig ständig ansteigenden Anforderungen der PC-Nutzer andererseits werden jedoch sehr schnell die Grenzen der Leistungsfähigkeit solcher Einzelplatzsysteme erreicht.

Immer wichtiger wird es, von vielen PC-Nutzern gleichzeitig zum Beispiel an gemeinsam nutzbare Datenbestände und Programme heranzukommen um mit ihnen zu arbeiten, Ausgabegeräte und Postanschlüsse gemeinsam zu nutzen, Informationen untereinander auszutauschen und vieles mehr. Dies unter Umständen sogar über weite Entfernungen hinweg. Das Zauberwort für die Lösung dieser Probleme heißt heute zweifellos "LAN" für "Local Area Network", wenn es sich um den Datenaustausch über kurze Entfernungen hinweg, zum Beispiel innerhalb eines Betriebes oder Raumes, handelt. Wird der Transport von Daten über größere Entfernungen hinweg erforderlich, bieten sich dem Endanwender folgende in Abbildung 1 (Vom LAN zum WAN zum GAN - Vernetzung lokal, kontinental, interkontinental) dargestellten Lösungen an:

- "MAN" für "Metropolitan Area Network", wenn Daten innerhalb von Stadtgebieten ausgetauscht werden sollen.

- "WAN" für "Wide Area Network". Es unterliegt keiner räumlichen Begrenzung und kann kontinental oder innerhalb von Landesgrenzen eingesetzt werden.

- "GAN" für "Global Area Network". Zum weltweiten Datenaustausch ist der Einsatz von Satelliten erforderlich.

Bridges und Gateways verbinden die LANs und ermöglichen die Kommunikation der Netzwerkteilnehmer untereinaner mit Hilfe ganz spezieller Programme. Dabei spielt die Festlegung nationaler und internationaler Normen eine sehr bedeutende Rolle. Wichtige Normungsgremien sind zum Beispiel: ISO, CCITT usw.

Die Vernetzung von Einzelplatzsystemen ist nicht mehr aufzuhalten und zur Erhaltung und Steigerung der Wettbewerbsfähigkeit in allen Bereichen unseres Wirtschafts- und Gesellschaftssystems zwingend erforderlich und unumgänglich.

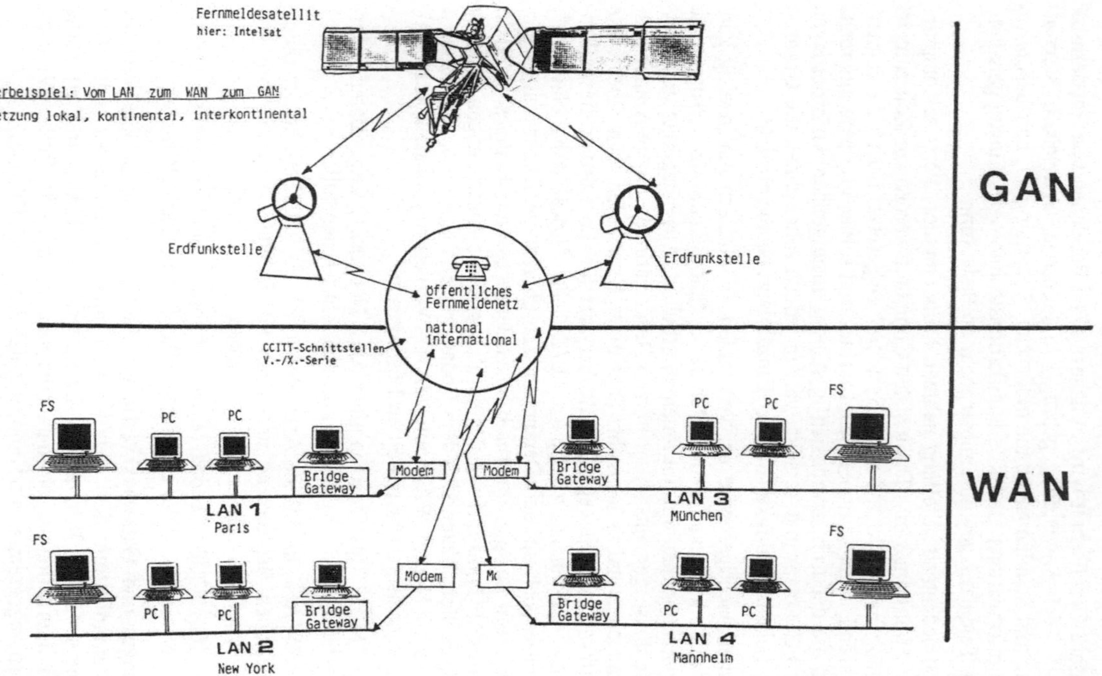

Abb. 1: Musterbeispiel "Vom LAN zum WAN zum GAN - Vernetzung lokal, kontinental, interkontinental"

1 Die Aufgaben eines Netzes

Die Aufgabe eines Netzes ist es, Informationen von einem Datenverarbeitungssystem an ein anderes zu übertragen und die Kommunikation zwischen den Netzwerkteilnehmern zu ermöglichen.

Vorgehensweise

Die zu übertragenden Nachrichten werden zum Transport beim Sender in Signale umgewandelt. Es wird die für das Übertragungsmedium (Kabelart) erforderliche Form gewählt (analog, digital usw.). Beim Empfänger werden die ankommenden Signale wieder zurückverwandelt und nutzbar gemacht.

Hilfsmittel

Zur Signalumsetzung wird ein sogenannter Signalumsetzer verwendet. Weiter werden Anschalteinrichtungen, Fehlerschutzeinheiten und eine Synchronisiereinheit eingesetzt. Diese Bestandteile werden auch als Datenübertragungseinrichtungen (= DÜE) bezeichnet.

Typische Datenübertragungseinrichtungen kennen wir heute in Form des Modems (Anpassung digitaler Signale von DV-Systemen und analogen Signalen der Telefon- und Breitbandwege) und des Akustikkopplers (Datenübertragungseinrichtung für Telefonwege). Die modernste Form sind sogenannte Steckkarten, die in den Personal Computer eingebaut werden können.

2 Netzwerkarten

Grundsätzlich unterscheidet man öffentliche und lokale Netze.

2.1 Öffentliche Netze

Abbildung 2-1 zeigt Ihnen die Netze der Deutschen Bundespost.

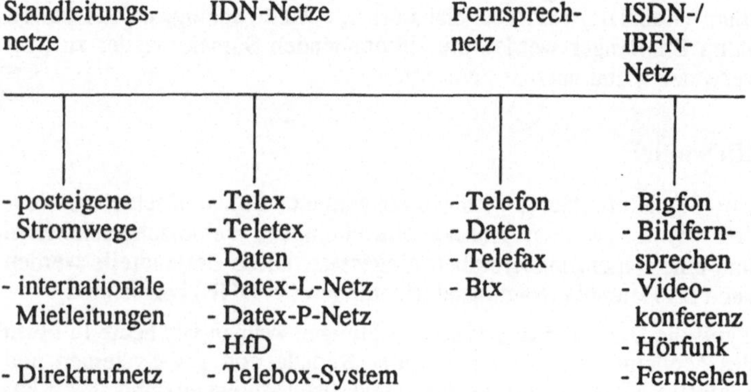

Standleitungs-netze	IDN-Netze	Fernsprech-netz	ISDN-/ IBFN-Netz
- posteigene Stromwege	- Telex - Teletex - Daten	- Telefon - Daten - Telefax	- Bigfon - Bildfern-sprechen
- internationale Mietleitungen	- Datex-L-Netz - Datex-P-Netz - HfD	- Btx	- Video-konferenz - Hörfunk
- Direktrufnetz	- Telebox-System		- Fernsehen

Bild 2-1: Netze der Deutschen Bundespost

Das künftige ISDN-Netz, das in der sogenannten Endstufe zum IBFN-Netz ausgebaut werden soll, beinhaltet grundsätzlich die Dienste aller Netze, wie die des Standleitungsnetzes, IDN-Netzes und des Fernsprechnetzes. Im ISDN-/IBFN-Netz zusätzliche Netz-dienste sind außerdem unter anderem Bigfon, Bildfernsprechen, Videokonferenzen, Hörfunk und Fernsehen. Die äußerst leistungsfä-hige Glasfaser als Übertragungsmedium macht eine derartige Über-tragungsvielfalt über nur ein Kabel möglich.

2.2 Lokale Netze

Unter lokalen Netzen versteht man alle sogenannten "Inhouse-Netze", die von privaten Herstellern angeboten werden. Sie werden auch LANs genannt und dienen dazu, Nachrichten innerhalb von Räumen, Gebäuden oder zum Beispiel Fabrikanlagen auszutauschen. Sollen weitere Entfernungen überbrückt werden, bedient man sich zusätzlich öffentlicher Netze.

Noch vor wenigen Jahren versuchten viele private Hersteller, ihre eigenen Netze zu konfigurieren. Sie hatten jedoch den Nachteil, daß die Kommunikation mit Netzwerkteilnehmern anderer Netzwerke kaum oder überhaupt nicht möglich war. Der Trend geht daher verständlicherweise zur gegenseitigen nationalen und internationalen Öffnung und Anbindung an allgemein gültige Normen. Dies führt zu einer generellen Vereinheitlichung und Standardisierung zu Gunsten der Förderung des Informationsflusses und der Kommunikationsfähigkeit unter den Netzwerkteilnehmern.

3 Die Verbindungsarten im Netz

Zur Verbindungsaufnahme zwischen den einzelnen Netzwerkteilnehmern über die Datenübertragungseinrichtungen unterscheidet man gemäß Abbildung 3-1 hauptsächlich folgende Verbindungsarten:

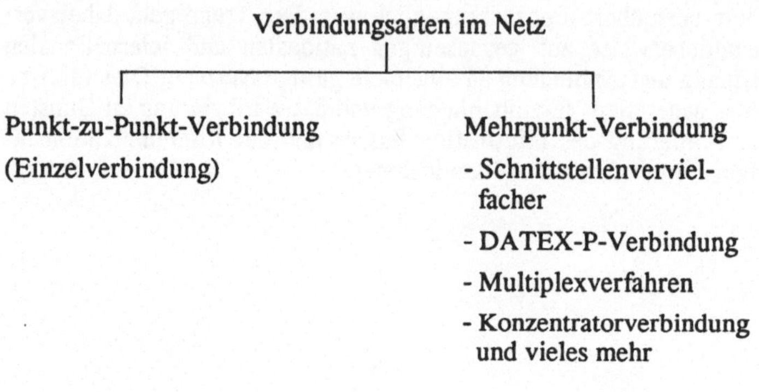

Abb. 3-1: Verbindungsarten im Netz

3.1 Punkt-zu-Punkt-Verbindung (point-to-point-connection)

Bei der Punkt-zu-Punkt-Verbindung handelt es sich um eine sogenannte Einzelverbindung. Hier sind zwei Datenendeinrichtungen miteinander verbunden. Sie stellen die Verbindungspunkte dar. Jede Datenendeinrichtung kann unabhängig von einer anderen mit ihrer zugeordneten Gegeneinrichtung in Verbindung treten, wie dies aus der Abbildung 3-2 ersichtlich ist. Punkt-zu-Punkt-Verbindungen findet man als Standleitung und als Wähleinrichtung.

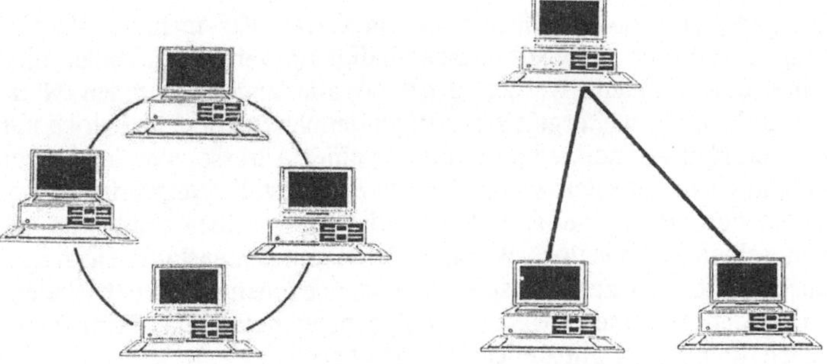

Abb. 3-2:   Beispiel zur Punkt-zu-Punkt-Verbindung

3.2   Mehrpunkt-Verbindung

Sollen Daten an entfernte Datenendeinrichtungen verschickt werden, empfiehlt sich, eine Mehrpunkt-Verbindung unter Umständen unter Ausnutzung des Postnetzes aufzubauen.

An den Übertragungsweg sind hier mehr als zwei Datenendeinrichtungen angeschlossen, wie dies aus derAbbildung 3-3 deutlich ersichtlich ist. Bei dieser Verbindungsart kann in der Regel zu einem bestimmten Zeitpunkt immer nur eine Datenendeinrichtung senden oder empfangen. Alle anderen angeschlossenen Teilnehmer sind in der Zeit gesperrt. Es erfolgt eine Steuerung des Übertragungsablaufes. Hierzu ist immer eine Leitstation erforderlich. Mehrpunkt-Verbindungen dienen zur Verknüpfung mehrerer Einzelverbindungen mit Hilfe von Konzentratoren, Schnittstellenviervielfachern, Multiplexern und vieles mehr,die hierbei die Aufgabe der Bündelung und Verzweigung beim Datenaustausch übernehmen.

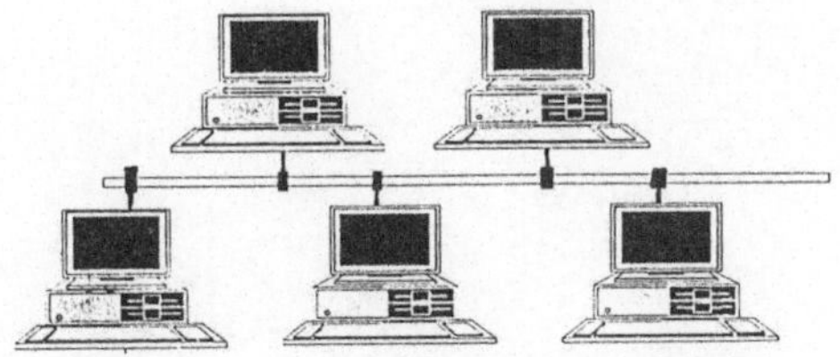

Abb. 3-3: Beispiel zur Mehrpunkt-Verbindung

Der Schnittstellenvervielfacher

Ein Schnittstellenvervielfacher ist ein Gerät, das mehrere Verbindungen mit der gleichen Geschwindigkeit verknüpft.Sendet eine Datenstation Daten, werden diese an alle angeschlossenen Netzwerkteilnehmer weitergeleitet. Aufgenommen werden sie jedoch nur von den Netzwerkteilnehmern, die mit einer Adresse vom Sender zur Aufnahme aufgefordert werden. Beim Schnittstellenvervielfacher befinden sich die verknüpften Datenstationen im selben Haus oder auf dem selben Grundstück. Werden Daten mit Datenstationen ausgetauscht, die sich zum Beispiel in verschiedenen Städten befinden, verwendet man einen sogenannten Synchronknoten. Das Prinzip entspricht dem des Schnittstellenvervielfachers.

Datex-P-Verbindung

Sie ist eine digitale Wähleinrichtung mit Paketvermittlungund als solche ebenfalls eine typische Mehrpunkt-Verbindung.Die zu versendenden Daten werden in einzelne Pakete verpackt und verschickt. Siehe hierzu Abbildung 3-4. Die Pakete werden adressiert, können zwischengespeichert und vermittelt werden. Durch die Möglichkeit der Zwischenspeicherung im Netz sind auch Verbindungen zwischen Anschlüssen unterschiedlicher Übertragungsgeschwindigkeiten und gegebenenfalls unterschiedlicher Übertragungsverfahren möglich. Somit kann die Geschwindigkeit am Anschluß nach den Möglichkeiten der verwendeten Endeinrichtung gewählt werden, unabhängig vom Kommunikationspartner.

Verbindungsübergänge

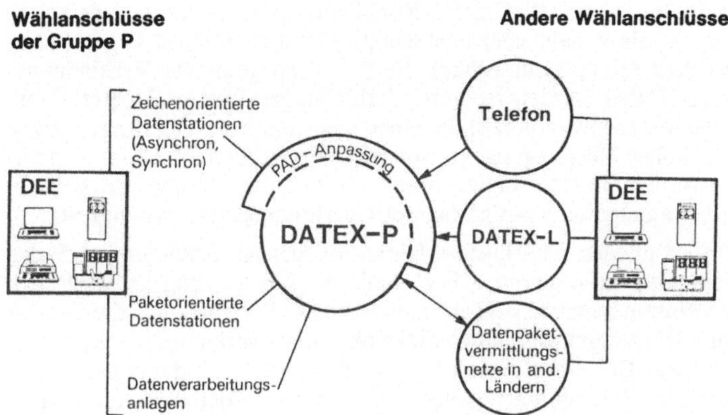

Prinzip der Paketvermittlung

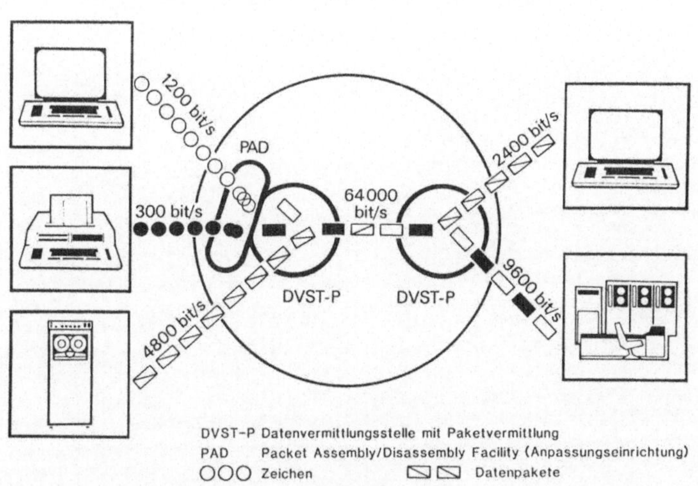

Abb. 3-4: Beispiel für Datex-P-Verbindung

Der Multiplexer

Multiplexer ermöglichen die Kommunikation von Datenendeinrichtungen, die voneinander unabhängig räumlich entfernt liegen (meist auf dem selben Grundstück). Sie benutzen getrennte Verbindungswege. Dabei werden mehrere Verbindungen (mit geringerer Übertragungsgeschwindigkeit) in einen gemeinsamen Übertragungsweg (mit hoher Übertragungsgeschwindigkeit) gebündelt. Beim Empfängerwerden die Übertragungswege wieder aufgeteilt und verzweigt in Übertragungswege mit geringerer Übertragungsgeschwindigkeit.

Ein mögliches Multiplexverfahren ist gemäß Abbildung 3-5 das Zeitmultiplexverfahren. Hier muß die Übertragungskapazität des gemeinsam benutzten Weges mindestens so hoch sein wie die Summe der Übertragungsgeschwindigkeiten der verknüpften Einzelanschlüsse. Der Übertragungsweg wird den Netzwerkteilnehmern nur für kurze Zeit zur Verfügung gestellt, was eine optimale Ausnutzung gewährleistet.

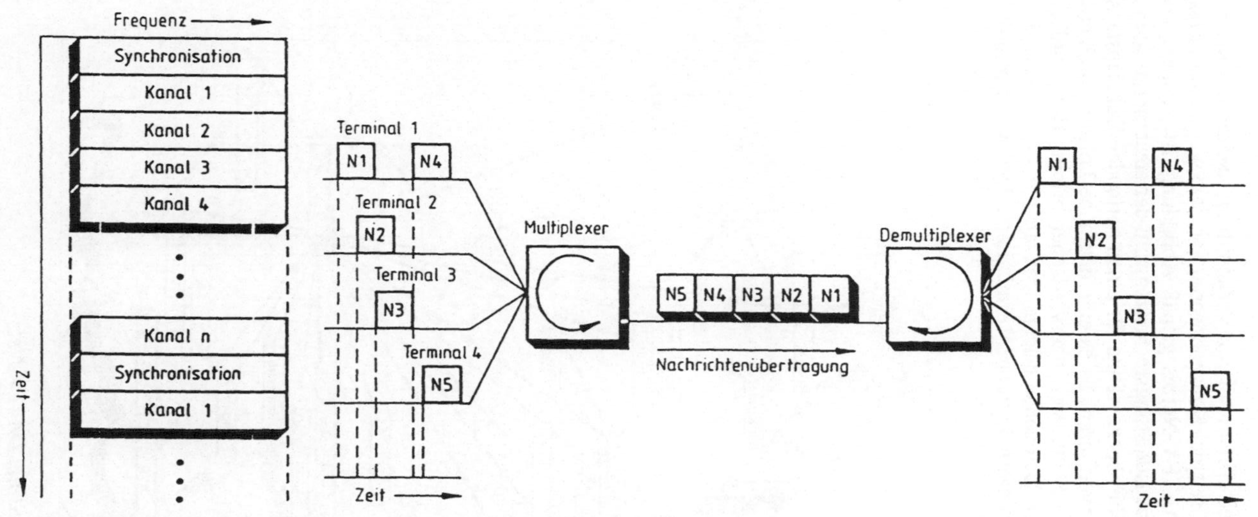

Abb. 3-5: Beispiel für Zeitmultiplexer

Die Konzentratorverbindung

Eine weiteres Hilfsmittel zur Verknüpfung mehrer Einzelanschlüsse
stellen zum Beispiel Konzentratoren dar, wie wir sie zum Beispiel in
Form des DATEV-Netzes gemäß Abbildung 3-6 kennen. Die DA-
TEV, das Dienstleistungsrechenzentrum der steuerberatenden Berufe
mit Sitz in Nürnberg, wählte für einen optimalen Datenaustausch das
Konzentratorverfahren, da es eine deutliche Leistungssteigerung gegenüber dem Schnittstellenvervielfacher bringt. Hier wird der Anschluß vieler Datenendeinrichtungen an die Datenverarbeitungsan-
lage über mehrere Leitungen ermöglicht. Der Konzentrator besitzt

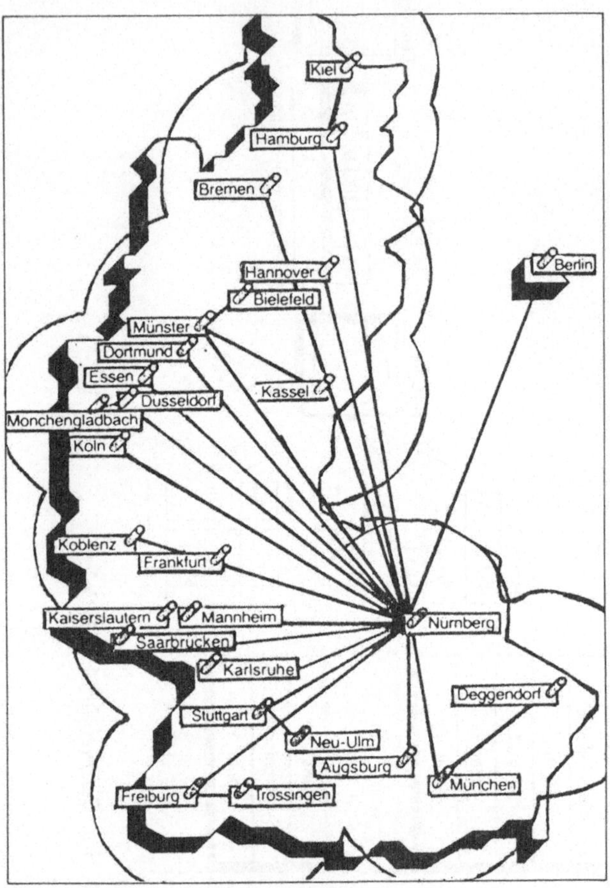

Abb. 3-6: Beispiel DATEV-Netz

die Möglichkeit der Zwischenspeicherung von Daten. Aus diesem Grunde kann, im Gegensatz zum Zeitmultiplexer, die Übertragungsgeschwindigkeit des gemeinsamen Übertragungsweges geringer sein als die Summe der möglichen Einzelverbindungen. Das Verfahren der Konzentratorverbindung wird oft auch als "dynamischer Multiplexer" bezeichnet.

Beim DATEV-Netz werden zwischen den Datenendeinrichtungen der Steuerberater und den Konzentrator-Kopfstellen im Netz Wählverbindungen über das Telefonnetz verwendet. Die Kopfstellen selbst sind über Standverbindungen an den Host in Nürnberg angeschlossen. Die Standverbindung zwischen DATEV und Kopfstelle zum Netz ist ständig dienstbereit. Die Wählverbindung zwischen den Steuerberatern und der Kopfstelle wird nur bei Bedarf hergestellt.

Die hier genannten Verbindungsarten sind nur ein kleiner Teil der heute technisch gegebenen Möglichkeiten. Auch Mischsysteme sind sehr häufig anzutreffen.

4 Kabelarten

Ist die Verbindung zwischen den Netzwerkteilnehmern aufgebaut, werden die Daten über das Netz ausgetauscht. Als Übertragungsmedium werden heute die im folgenden beschriebenen Spezialkabel verwendet.

4.1 Twisted-Pair-Kabel (verdrillte Kupferkabel)

Hierbei handelt es sich um das traditionelle Kupferkabel für Kommunikationszwecke. Das in Abbildung 4-1 gezeigte Twisted-Pair-Kabel hat den Nachteil, daß es elektromagnetische Wellen abstrahlt und selbst von ihnen beeinflußt wird. Das Verdrillen der Kabel dient der weitestgehenden Ausschaltung solcher Störungen. Es ist außerdem leicht abhörbar und daher aus Datenschutzgründen schlecht geeignet.

Der Haupteinsatzbereich des meist nur 1 mm dicken Twisted-Pair-Kabels ist das Telefonnetz. Die Leistungsfähigkeit beträgt in Sonderfällen bis zu 10 Megabit/sec über kurze Entfernungen hinweg. Über längere Entfernungen wird die Übertragungsgeschwindigkeit kürzer, es müssen Verstärker eingebaut werden. Twisted-Pair-Kabel ist sehr preisgünstig und leicht zu verlegen. Aufgrund jahrelanger Erfahrungen in der Fernsprechtechnik ist es außerdem sehr zuverlässig. Es können analoge und digitale Signale übertragen werden.

Abb. 4-1: Twisted-Pair-Kabel

4.2   Koaxial-Kabel

Beim Koaxial-Kabel, dargestellt in Abbildung 4-2, handelt es sich um eine Kupferleitung, bei der die zentrale Innenader, die aus Kupfer besteht, durch Isolationsmaterial von der umgebenden Ummantelung abgetrennt ist. Die Ummantelung selbst ist durch einen elektrisch isolierenden äußeren Schutzmantel, meist aus Plastik, vor Beschädigungen geschützt. Die Übertragungsgeschwindigkeit ist bedeutend höher als beim Twisted-Pair-Kabel. Man unterscheidet Basisband-Koaxial-Kabel und Breitband-Koaxial-Kabel. Das Basis-Band-Koaxial-Kabel ist ein 50 Ohm-Koaxial-Kabel, das Breitband-Koaxial-Kabel ist ein 75-Ohm-Koaxialkabel.

Die Übertragunggeschwindigkeit ist abängig von der Kabellänge. Sie kann bei einem Basisband-Koaxial-Kabel von 1 km Länge bis zu 10 Miobit/s betragen. Bei einem Breitband-Koaxial-Kabel können bis zu 150 Miobit/s übertragen werden. Noch höhere Übertragungsgeschwindigkeiten erreicht man bei kürzeren Entfernungen. Bei weiten Entfernungen werden auch hier Verstärker (Repeater) eingebaut.

Koaxial-Kabel haben eine Dicke zwischen 5 mm und 10 mm, je nach Einsatzbereich. Je dicker das Kabel, umso schwieriger die Verlegung. Man trifft das Koaxial-Kabel außerdem in verschiedenen Ausführungen an. So zum Beispiel mit Kupfer-Außenleiter oder Aluminium-Außenleiter.

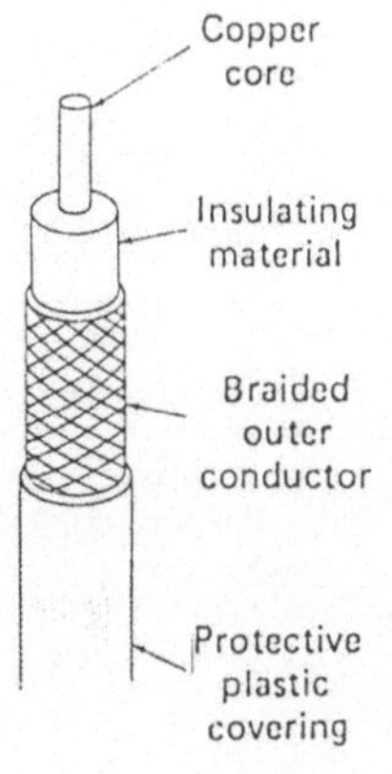

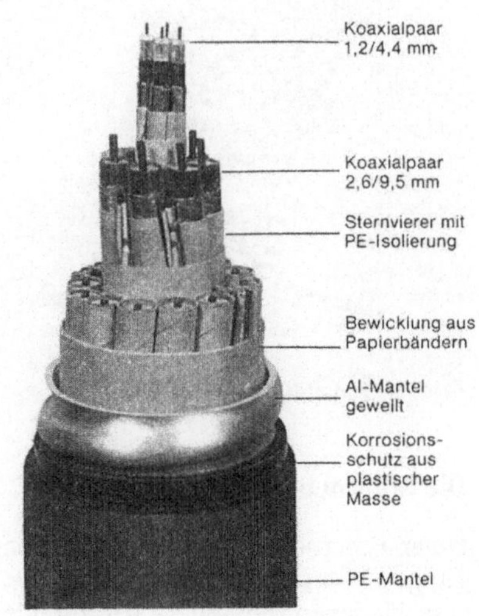

Abb. 4-2: Koaxial-Kabel

4.2.1 Cheapernet-Kabel

Das Cheapernet-Kabel ist ebenfalls ein Koaxial-Kabel. Siehe Abbildung 4-3. Hierbei handelt es sich um eine sogenannte Low-Cost-Verkabelung nach Ethernet-Norm (Zusatzerklärung siehe unten) was die Segmentlänge betrifft. Die maximale Länge eines Cheapernet-Segments liegt bei 330 m, und somit unter der Ethernet-Norm von 500 m. Es ist ein 50-Ohm-Koaxial-Kabel vom Typ RG-58 U, das Basisband-Verfahren kommt zum Einsatz.

Ein Cheapernet-LAN darf maximal 10 Segmente umfassen und 3 300 m lang sein. Der Abstand zwischen den Stationen darf 330 m betragen, es dürfen zur Zeit maximal 1 024 Stationen angeschlossen werden, also ca. 100 Stationen pro Segment. Die Übertragungsgeschwindigkeit kann bis zu 10 Miobit/s betragen. Die Kabelkosten und der Aufwand für die Verlegung sind beim Cheapernet-Kabel gering. Die Kabel erfordern keine extra Maßnahmen für die Abschirmung, sie sind außerdem sehr flexibel und meistens bereits mit BNC-Buchsen (siehe Zusatzerklärung und Abbildung 4-4 unten) versehen.

Abb. 4-3: Cheapernet-Kabel

Die Ethernet-Norm

Unter Ethernet versteht man ein Konzept für ein herstellerunabhängiges Netzwerk. Es ermöglicht die Kommunikation zwischen von verschiedenen Herstellern hergestellter Hard- und Softwareprodukte.

Dieser Erfolg veranlaßte auch andere Hersteller, für ihre Netzwerke das Ethernet-Schnittstellenkonzept CSMA/CD zu verwenden. Das Konzept floß in das ISO-OSI-Schichtenmodell ein, das in einem späteren Kapitel ausführlich behandelt wird. Die Ethernet-Architektur basiert auf dem Aloha satellite communications network, das an der Universität von Hawaii entwickelt wurde. Es wird Koaxial-Kabel verwendet.

ETHERNET ist ein Name und das Warenzeichen der XEROX Corp. Der Name wird oft als Synonym für den beschriebenen Standard verwendet, was die Segmentlängen, die Anzahl der Segmente, den Abstand zwischen den einzelnen Segmenten und die Gesamtlänge betrifft.

Das von XEROX, DEC und Intel im Rahmen der IEEE-Arbeitsgruppe (Institut of Electrical und Electronic Engineers) Nr. 802.3 im Jahre 1983 erarbeitete Konzept für ein CSMA/CD-Busnetz wurde von der ISO (= Internationaler Normierungsausschuß) später als Normempfehlung übernommen.

Das CSMA/CD-Verfahren

CSMA/CD = Carrier Sense Multiple Access/Collission Detection
= Konkurrenzbetriebsverfahren

Das CSMA/CD-Protokoll ist ein Zugriffsverfahren, das zur Überwachung und Steuerung von Busnetzen angewendet wird. Das CSMA/CD-Leitungsprotokoll beruht auf dem sogenannten "Contention"-Verfahren. Jede Station kann jederzeit senden (multiple access). Jede sendende Station prüft zuvor, ob die Leitung frei ist. Ist sie frei, wird der Sendevorgang ausgeführt. Ist die Leitung "belegt", wartet die Station das "Freizeichen" ab. Senden jedoch zwei Teilnehmer gleichzeitig, kommt es zur Datenkollission (Collission Detection). Beide Stationen brechen den Sendevorgang ab und starten ihn nach Ablauf einer individuell gewählten Zeit neu. Der "Schnellere" sendet immer zuerst. Alle anderen Netzwerkteilnehmer warten solange, bis die Leitung wieder frei ist. Kommt ein Datenpaket beim Empfänger an, bestätigt er den Empfang beim Absender. Erhält der Absender innerhalb einer bestimmten Zeit keine Empfangsbestätigung, wiederholt er den Sendevorgang unter der Annahme, daß das zuerst abgesandte Datenpaket aufgrund einer Störung im Netz verlorengegangen ist.

Die Leistungsfähigkeit (Performance) eines Netzwerkes ist abhängig von der Busgeschwindigkeit, Buslänge und Nachrichtenlänge. Um die Anzahl der Kollisionen möglichst gering zu halten, muß die Möglichkeit des Datentransports im Netz möglichst hoch sein.

Die BNC-Buchsen

Die Abkürzung "BNC" steht für "Bayonet Norm Connector".

BNC-Steckverbindungen sich Hochfrequenz-Steckverbindungen und ist die am häufigsten eingesetzte Koaxial-Verbindung. Sie zeichnet sich durch eine kleine Baugröße, einfache Handhabung, durch Bajonettverschluß und feuchtigkeitsdichte Ausführung aus. Der Einsatzbereich geht in der Normalausführung bis 4 GHz, bei einem Wellenwiderstand von $Z = 50$ bzw. 75 Ohm. Es werden kleine flexible HF-Kabel mit einem Außendurchmesser von 5 bis 6,5 mm verwendet. Es sind gerade und Winkel-Steckverbindungen lieferbar. Nähere Angaben siehe in der Normvorschrift IEC 169/8.

BNC-Buchsen werden, wie aus der Abbildung 4-4 ersichtlich, an den beiden Enden des Cheapernet-Kabels angebracht. An die BNC-Buchsen wiederum wird der Abschlußwiderstand in Form eines T-Stückes angebracht. T-Stücke dienen zur Verbindung von zwei Kabelenden.

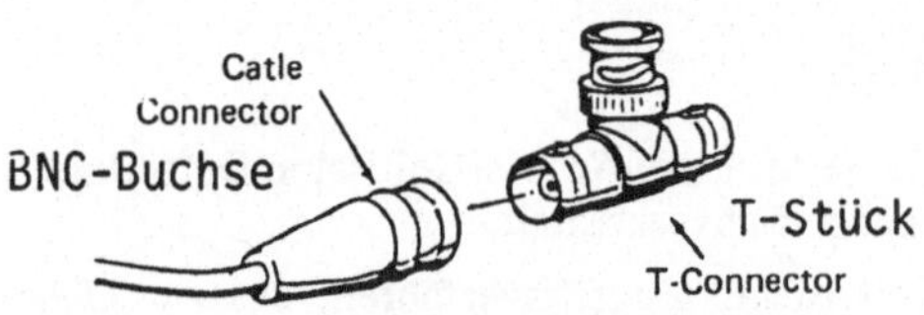

Abb. 4-4: Anbringen eines T-Stückes an der BNC-Buchse eines Cheapernet-Kabels

4.3 Ethernet-Kabel (yellow cable); der Transceiver

Die Gesamtlänge eines Ethernet-Segments kann gemäß Normvorschriften höchstens 500 m betragen. Die Länge der gesamten Verkabelung kann 5 000 m nicht überschreiten! Außerdem werden sogenannte Transceiver benötigt, die extern installiert werden. Für den Anschluß der zu vernetzenden PCs wird ein Transceiver-Kabel benötigt, das höchstens 50 m lang sein kann. Durch den Transceiver wird der Übergang vom Ethernet-Kabel zur Controllerplatine ermöglicht. Siehe hierzu auch die unten angeführte Zusatzerklärung zur Controllerplatine sowie die Abbildungen 4-5 und 4-6. Aufgrund der zusätzlichen Transceiver-Installation wird die Vernetzung mit Ethernet-Kabel sehr teuer. Es können, wie beim Cheapernet-Kabel, pro Segment maximal 100 Systeme (Personal Computer und/oder Repeater) installiert werden.

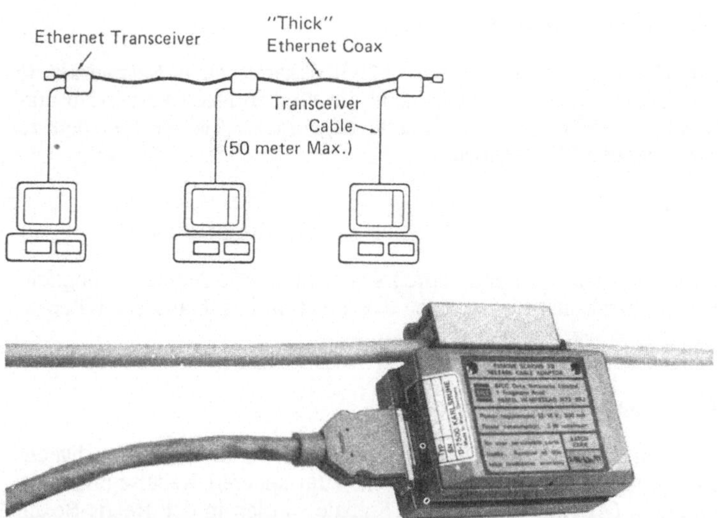

Abb. 4-5: Transceiver

Abb. 4-6: Eine Controllerplatine wird in den PC eingebaut

Die Datenübertragungsgeschwindigkeit beträgt ebenfalls bis zu 10 Miobit/s. Der Vorteil liegt in der Übertragungsmöglichkeit über größere Entfernungen hinweg, als dies beim Cheapernet-Kabel der Fall ist. Auch hier wird das Basisband-Verfahren angewendet.

Die Controllerplatine

Die Controllerplatine ist eine PC-Steckkarte, auch Netzwerkkarte oder Board genannt. Auf ihr sind die für den Netzwerkbetrieb notwendigen elektronischen Bauteile angebracht. Sie wird in den zu vernetzenden PC eingebaut.

4.3.1 Ethernet- und Cheapernet-Kombinationen

Eine Vernetzung ist auch durch sogenannte Mix-Segmente möglich. Man bedient sich hierzu einer Kombination aus Transceiver-Repeater-Transceiver-Elementen.

Der Repeater

Ein Repeater ist eine Relais- und Verstärkerstation, die den Datentransport von einem Kabelsegment zum anderen Kabelsegment ermöglicht (Abbildung 4-7). Die Signale werden in den Relais-Boxen von Segment zu Segment aufbereitet. Neben den herkömmlichen Repeatern unterscheidet man auch die sogenannten Multiport-Repeater. Sie werden auch Stern-Verteiler genannt und ermöglichen die Gestaltung von Bus-, Baum- oder Stern-Netzen. Besitzt man den passenden Adapter, kann je nach Wunsch vom Sternverteiler aus ein Ethernet-, Cheapernet- oder Glasfaserkabel angeschlossen werden.

Die Signale werden in den Relais-Boxen von Segment zu Segment aufbereitet. Neben den herkömmlichen Repeatern unterscheidet man

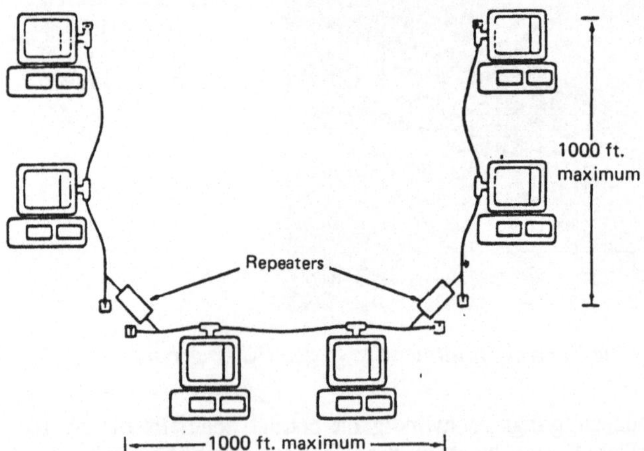

Abb. 4-7: Verbindung von 3 Cheapernet-Segmenten mit zwei Repeatern

auch die sogenannten Multiport-Repeater. Sie werden auch Stern-Verteiler genannt und ermöglichen die Gestaltung von Bus-, Baum- oder Stern-Netzen. Besitzt man den passenden Adapter, kann je nach Wunsch vom Sternverteiler aus ein Ethernet-, Cheapernet- oder Glasfaserkabel angeschlossen werden.

4.4   Glasfaserkabel

Der Einsatz des Glasfaserkabels, auch optische Faser oder Licht-wellenleiter genannt, ist ebenfalls möglich. Er ist dort ratsam, wo große Entfernungen überbrückt werden müssen und wo elektroma-gnetische Felder den Datentransport stören können. Dieses Kabel kann außerdem nicht angezapft werden, d. h. es bietet bezüglich des Datenschutzes absolute Sicherheit, ebenso im Bereich der Zuverläs-sigkeit. Die Daten werden in Form von Lichtsignalen mit einer sehr hohen Übertragungsgeschwindigkeit (Milliarden bit pro Sekunde) übertragen. Es ist gemäß Abbildung 4-8 nur Bruchteile von Milli-metern dick. In der Regel kommt Quarzglas zum Einsatz. Zur opti-schen Datenübertragung werden elektrische Signale mit Hilfe elek-trooptischer Wandler in Lichtsignale umgewandelt, wobei Elektro-lumineszenzdioden und Laserdioden verwendet werden. Die Lichtsi-gnale werden beim Sender in den Kern des Lichtwellenleiters einge-speist und beim Empfänger mit optoelektrischen Wandlern, zum Bei-spiel Fotodioden, wieder in elektrische Signale zurückverwandelt. Die Übertragungsgeschwindigkeit kann bis zu 1 000 Miobit/s betra-gen.

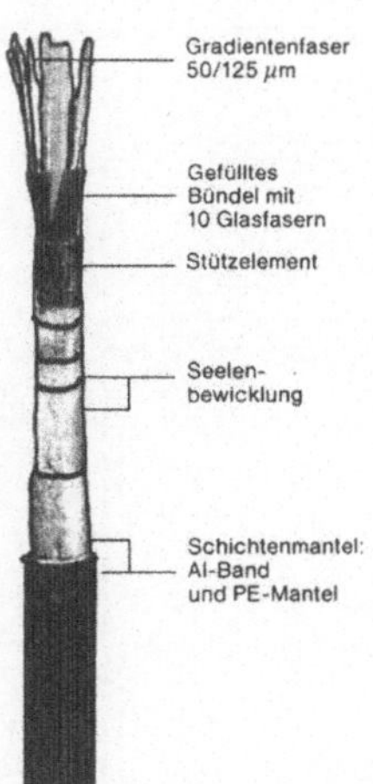

Abb. 4-8: Glasfaserkabel

4.5 Polymethyl-Plastikfasern

Sie sind wesentlich billiger als Glasfaserkabel und noch leistungsfähiger. Im Augenblick wird diese Faserart im Labor noch erprobt und könnte die Glasfaser langfristig ablösen.

4.6 Übertragung mit Hilfe elektromagnetischer Wellen

Elektromagnetische Wellen entstehen immer dann, wenn sich Ströme oder Spannungen zeitlich ändern. Dabei schwingen in einem mit Wechselstrom durchflossenen Leiter freie Elektronen in der Längsrichtung des Leiters hin und her. Auf diese Art und Weise erzeugen sie elektromagnetische Wellen, die sich durch den umgebenden Raum ausbreiten. Zu übertragende Informationen werden den optischen Wellen mitgegeben. Die Übertragungsgeschwindigkeit beträgt zwischen 56 GHz und mehr als 300 GHz.

4.7 ISDN-Kabel/IBFN-Kabel

Hierbei handelt es sich um ein mehradriges Glasfaserkabel (Abbildung 4-9) mit höchster Leistungsfähigkeit, das als Breitband-Verteilnetz von der Deutschen Bundespost eingesetzt wird.

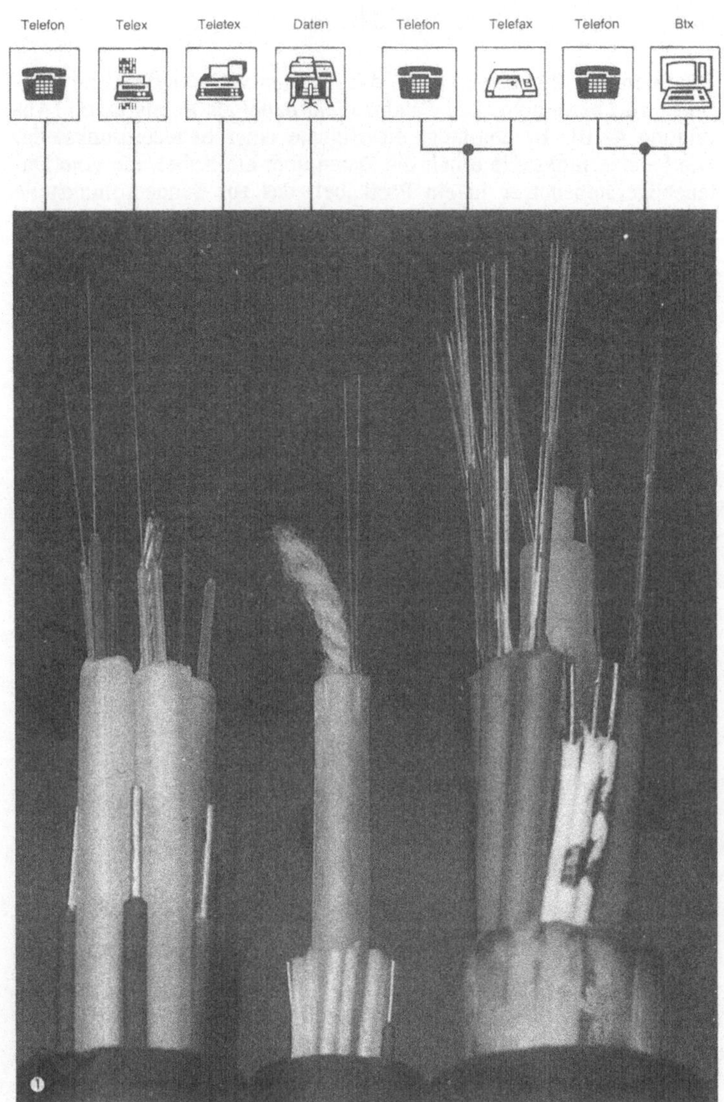

Abb. 4-9: Weiteres Beispiel für Glasfaser-Kabel

4.8 Satelliten und Richtfunk

Satelliten und Richtfunk dienen dazu, Daten von Kontinent zu Kontinent zu übermitteln. Der Satellit dient dabei als Relaisstation (Abbildung 4-10). Er empfängt die Signale einer Sendeerdfunkstelle. Die Sendeerfunkstelle erhält die Daten über ein Kabel, die vom Datenendgerätebenutzer in ein Postkabel, das zur Sendeerdfunkstelle führt, eingespeist wurden. Die Daten werden von der Sendeerdfunkstelle aus an den Satelliten abgestrahlt. Der Satellit wandelt die Signale in andere Frequenzbereiche um und überträgt sie zur empfangenden Erdfunkstelle, zum Beispiel in einem anderen Kontinent, die ihrerseits über ein Kabel die Daten an den Empfänger weiterleitet.

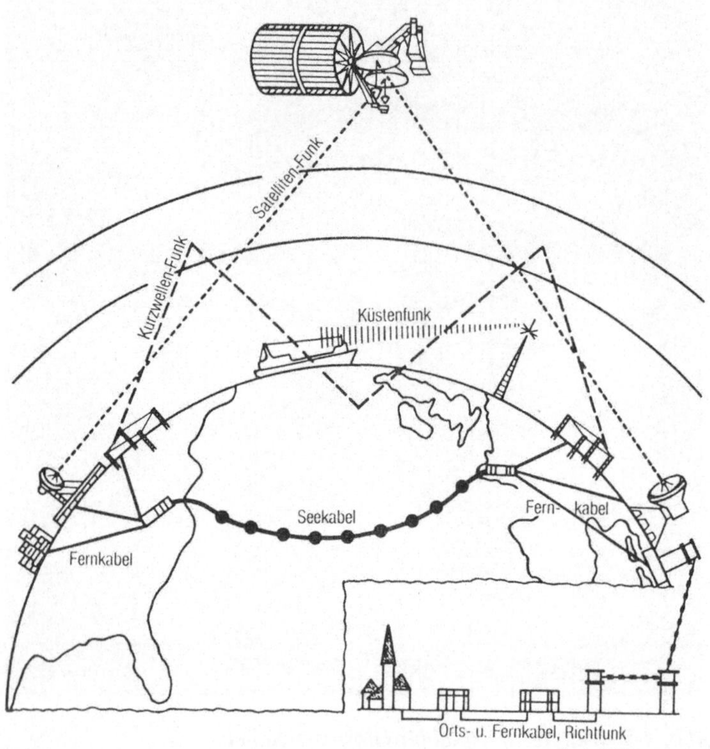

Abb. 4-10: Satelliten- und Richtfunktechnik

5 Betriebsarten der eingesetzten Kabel

Zum Datenaustausch zwischen den einzelnen Partnern mit Hilfe des jeweils ausgewählten Kabels bedient man sich heute entweder der Betriebsart des Basisband-Verfahrens oder des Breitband-Verfahrens.

5.1 Basisband-Verfahren

Beim Basisband-Verfahren, auch einfaches Bus-System im Halbduplex-Verfahren, benutzen alle Netzwerkteilnehmer physikalisch das selbe Kabel. Ein Netzwerkteilnehmer kann entweder Daten empfangen oder absenden, jedoch nicht beides gleichzeitig. Es steht nur ein Frequenzbereich zur Verfügung. Das Basisband-Verfahren wird auch als Einkanal-Medium bezeichnet. Als Zugangsverfahren zum Netzkabel hat sich das CSMA/CD-Verfahren durchgesetzt, bei dem eine Ethernet-Konfiguration zum Einsatz kommt (Abbildung 5-1). Siehe auch voriges Kapitel.)

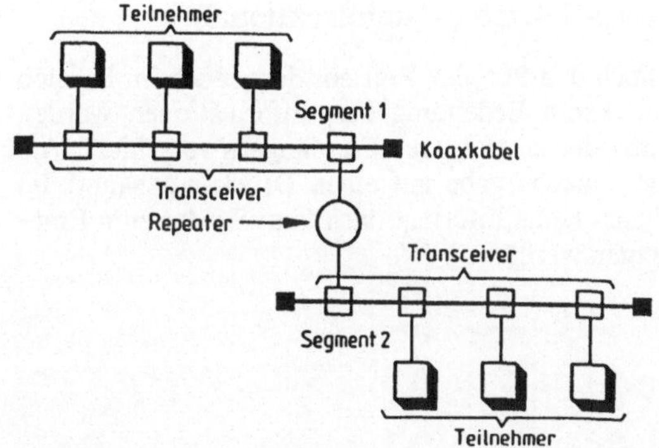

Abb. 5-1: Ethernet-Konfiguration, bestehend aus 2 Segmenten

5.1.1 Halbduplex-Verfahren (= bidirektional alternierend)

Der Informationsaustausch zwischen den Netzwerkteilnehmern erfolgt abwechselnd in beiden Richtungen. Der Netzwerkteilnehmer ist entweder Sender oder Empfänger.

5.2 Breitband-System

Das Breitbandsystem ermöglicht gegenüber dem Halbduplex-Verfahren eine optimalere Ausnutzung der Übertragungskapazität. Hier können Daten gleichzeitig gesendet und empfangen werden. Das System ist in mehrere Kanäle unterteilt. Es ist sowohl die digitale als auch die analoge Datenübertragung im Vollduplex-Verfahren möglich. Zum Einsatz kommen das Koaxialkabel und das Glasfaserkabel. Das Breitband-System ist ein typisches Mehrkanal-Medium, dem mehrere Frequenzbereiche zur Verfügung stehen (z. B. das ISDN/IBFN-Netz der Deutschen Bundespost).

5.2.1 Vollduplex-Verfahren (= bidirektional simultan)

Hier erfolgt der Nachrichtenaustausch gleichzeitig zwischen den Netzwerkteilnehmern. Jeder Teilnehmer hat getrennte Sende- und Empfangskanäle, ebenso getrennte Verstärkungseinrichtungen.

5.2.2 Der Simplex-Betrieb (= unidirektional)

Man unterscheidet noch den Simplex-Betrieb, der jedoch im Bereich der Netzwerktechnik kaum Bedeutung hat. Informationen werden vom Sender zu einem oder zu mehreren Empfängern verschickt. Als Beispiel sei hier die Datenausgabe auf einen Drucker genannt. Im Simplex-Betrieb können keine Informationen vom Sender zum Empfänger zurückübertragen werden.

5.3 Mischsysteme

Auch bei den Betriebsarten der eingesetzten Kabel sind Mischsysteme anzutreffen. In Abbildung 5-2 sehen Sie die Konfiguration eines gemischten Breitband/Basisband-Netzwerkes.

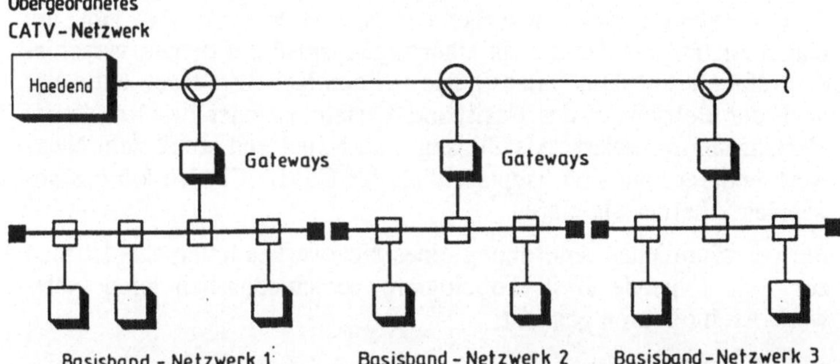

Abb 5-2: Grundkonfiguration eines gemischten Breitband/Basisband-Netzwerkes

6 Netzwerk-Topologien

Aus den bis jetzt behandelten Kapiteln wissen wir, daß es verschiedene Verbindungsarten zwischen den Netzwerkteilnehmern gibt, um Daten zu transportieren. Als Übertragungsmedium dienen verschiedene Kabelarten. Die Datensignale auf den Kabeln werden entweder nach der Betriebsart des Basisband-Verfahrens oder des Breitband-Verfahrens formatiert. Als Zugang zum Kabel und somit zum Netzwerk bedient man sich hauptsächlich des CSMA/CD-Verfahrens sowie des Ethernet-Standards.

Bei der räumlichen Anordnung eines Netzwerkes unterscheidet man zur Zeit folgende Basis-Topologien, verschiedentlich auch Netzwerk-Architekturen genannt:

- Bus-Netz

- Ring-Netz

- Stern-Netz

- Baum-Netz

Häufig findet man auch eine Kombination der hier genannten Netzwerktopologien in Form von Mischsystemen (Bus-Ring-Netz usw.). Jede Topologie hat Vorteile und Nachteile. Der Anwender muß von Fall zu Fall selbst entscheiden, welche Anordnung seinen speziellen Anforderungen entspricht.

6.1 Bus-Netz

Es ist die am weitesten verbreitete Netzwerk-Topologie (Abbildung 6-1).

Das Bus-Netz besitzt keinen zentralen Knoten. Statt dessen koppelt es eine Reihe von Knoten mit seinem Nachbarn, ohne jedoch einen Ring zu bilden. Alle angeschlossenen Stationen können den Bus sozusagen "abhören" (CSMA/CD-Verfahren). Die Transportgeschwindigkeit ist bei diesem Netz sehr hoch. Es können mehrere Server installiert werden, wodurch die Zugriffszeiten gesteigert werden. Fällt ein Server oder eine User-Station aus, bleibt das Netz dennoch voll funktionsfähig. Nachteilig ist, daß zur Zeit immer nur höchstens eine Nachricht auf dem Bus sein darf.

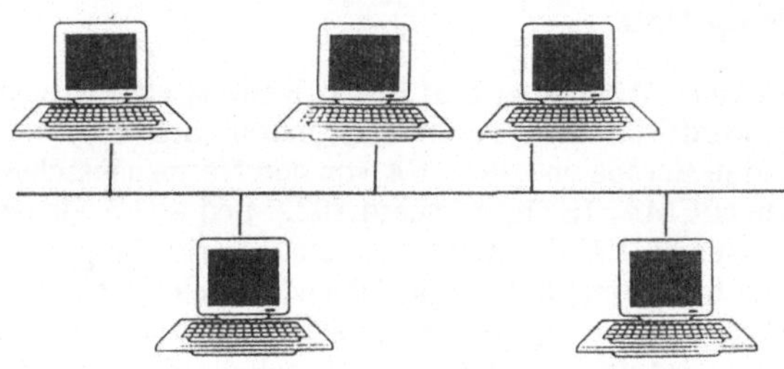

6.2 Ring-Netz

Auch beim Ring-Netz (Abbildung 6-2) haben wir keinen zentralen Knoten. Es verbindet jedes angeschlossene Datenendgerät mit seinem rechten bzw. linken Partner. Der Kreis schließt sich dadurch und die Nachrichten werden im Ring rundgeschickt. Man bedient sich hierzu eines Token (spezielles Bitmuster), das solange weitergeben wird, bis es den adressierten Empfänger erreicht.

Nachteil: Fällt eine Station oder Teilstrecke aus, ist unter Umständen der gesamte Ring lahmgelegt! Zur Sicherheit werden heute Relais eingebaut, die den Kreis an dieser Stelle beim Ausfall einer Station schließen. Die Nachricht wird an der ausgefallenen Station vorbei zur nächsten Station weitergeschickt.

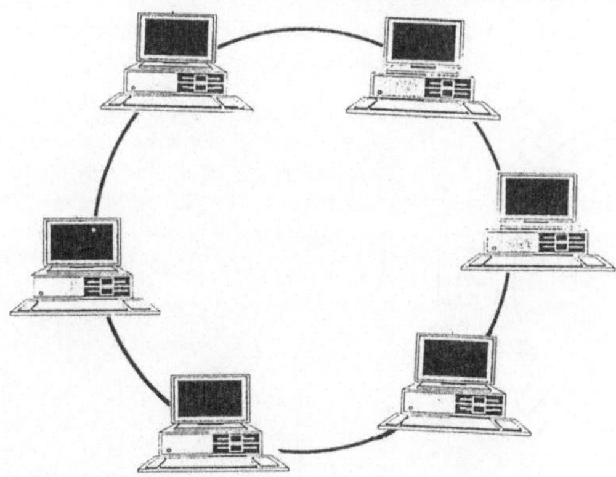

Abb. 6-2: Ring-Topologie

6.2.1 Token-Ring-Netz

Das Token-Ring-Netz (Abbildung 6-3) ist das Resultat europäischer Forschung. Es wurde im IBM Labor Rüschlikon (Schweiz) weiterentwickelt und in Europa und den USA von den Normenausschüssen übernommen (ECMA; IEEE, Standard 802.2 und 802.5 für das Token-Ring Basisband LAN). Außerdem sind Verbindungen zu SNA und OSI nach ISO möglich (siehe folgende Kapitel). Das Token-Ring-Protokoll wird bei der ISO unter 8802.5 geführt. Für den Zugang zum Netz wird das Token-Passing-Protokoll gemäß Kapitel 7.2 verwendet.

Beim Token-Ring-Netz wird ein Token in Form eines genau definierten Bitmusters von Station zu Station geschickt. Eine am Netz angeschlossene Station kann erst dann senden, wenn sie über ein freies Token verfügt, bzw. wenn ein freies Token bei ihr ankommt. Die Station übernimmt das freie Token vom Netz und belegt es. Das beliebig lange Datenpaket, das übertragen werden soll, kann nun gesendet werden. Da im voraus genau bestimmt wurde, in welchem Zeitintervall das Token an die nächste Station weitergegeben werden muß, kann nur eine bestimmte Zeit gesendet werden. Am Ende des Sendevorganges wird das Token wieder angehängt (Endmarke) und an die nächste Station weitergegeben, die nun sendeberechtigt ist. Somit wird sichergestellt, daß immer nur eine Nachricht über das Netz geschickt wird.

Zu Störungen kann es kommen, wenn ein Token verfälscht wird oder verlorengeht. Es muß dann von einer Station ein Ersatztoken gesendet werden, bis das Token wieder gefunden wird. Wird es nicht mehr aufgefunden, wird das Ersatztoken zum Originaltoken.

Die Übertragungsgeschwindigkeit beträgt 4 Miobit/s.
(HDLC/SDLC-Verfahren - siehe nächstes Kapitel.)

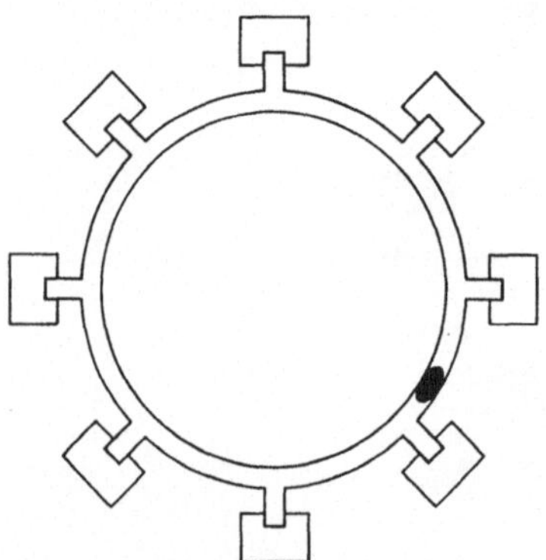

Abb. 6-3: Token-Ring-Netz

6.3 Stern-Netz

Im Stern-Netz (Abbildung 6-4) laufen alle Nachrichten über einen zentralen Knoten. Er nimmt die Weiterleitung an die entsprechende Zieladresse vor. Man kann diese Netzwerkarchitektur mit einer Telefonnebenstellenanlage vergleichen. Nachteilig ist, daß bei Ausfall einer Leitung die intakte Station nicht mehr erreicht werden kann. Zur Stern-Bildung werden viele Einzelleitungen benötigt.

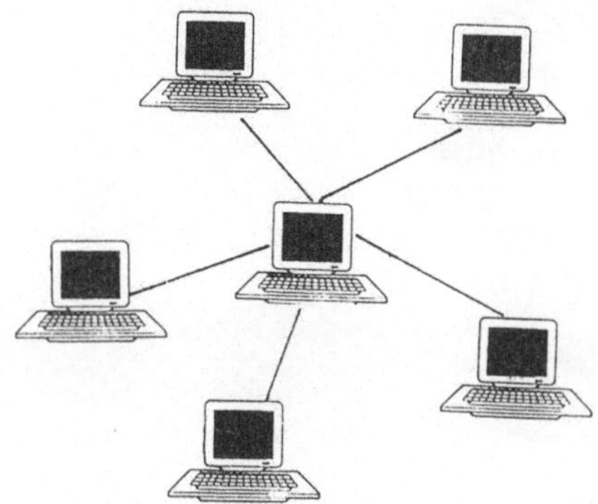

Abb. 6-4: Stern-Topologie

6.4 Baum-Netz

Das Baum-Netz (Abbildung 6-5) ist die eigentliche Weiterentwicklung der Bus-Topologie. Mehrere busförmige Netzwerke werden an eine ebenfalls busförmige Verteilerschiene angeschlossen.

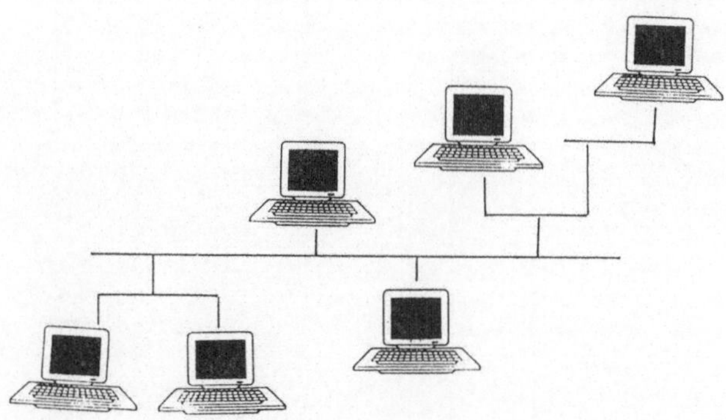

Abb. 6-5: Baum-Topologie

6.5   Maschen-Netz/Misch-Systeme

Eine weitere Netzwerk-Topologie ist das Maschennetz gemäß Abbildung 6-6. Alle angeschlossenen Systeme tauschen Daten untereinander aus.

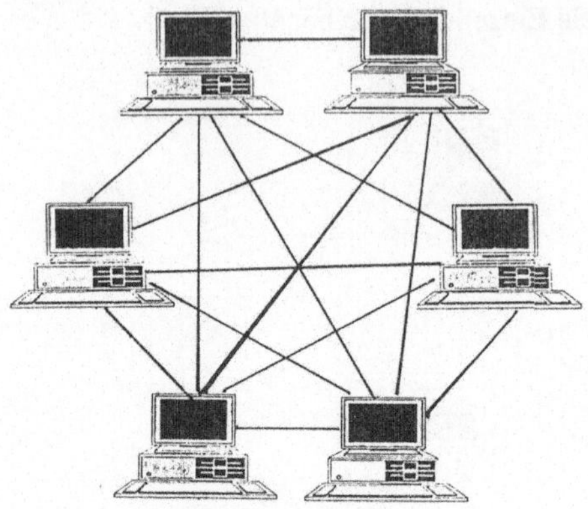

Abb. 6-6: Maschen-Topologie

An Misch-Systemen unter den Topologien finden wir z. B.:

- sternförmig erweitertes Ring-Netz
- sternförmig erweitertes Stern-Netz
- kombinierte Stern-Maschen-Netze
- kombinierte Bus-Ring-Netze

und vieles mehr.

7 Zugangsverfahren zum Netz/Netzwerkprotokolle

Um Datenkollisionen im Netz zu vermeiden, wird der Zugang der einzelnen am Netz angeschlossenen Stationen durch sogenannte Protokolle (Spezial-Programme) geregelt. Protokolle sind festgelegte Regeln, nach denen zwei oder mehr Partner eine Verbindung zwischen ihren Endgeräten aufbauen, die Informationen fehlerlos austauschen und dann die Verbindung wieder abbauen.

Sie basieren auf dem ISO/OSI-Schichtenmodell, das im folgenden Kapitel sehr ausführlich behandelt und in Abbildung 7-2 dargestellt wird. Das Ergebnis sind Schnittstellenbenennungen (z. B. die V.24-Schnittstelle), die bei der Hardwarebeschaffung und beim Anschluß zum Beispiel an das Postnetz eine bedeutende Rolle spielen.

Man unterscheidet heute hauptsächlich die im folgenden beschriebenen Zugangsprotokolle.

7.1 CSMA/CD-Verfahren

CSMA/CD = Carrier Sense Multiple Access/Collision Detection.
= Konkurrenzbetriebsverfahren.

Ziel ist die Vermeidung von Datenkollisionen im Netz. Dieses Verfahren wurde bereits ausführlich in Kapitel 4.2.1 und 4.3 behandelt.

7.2 Token-Verfahren

Das Token-Verfahren wird auch Token-Passing-Verfahren genannt und zur Zeit zum Beispiel von der Firma IBM beim Token-Ring-Netz verwendet. Dieses Verfahren wurde ausführlich in Kapitel 6.2.1 behandelt.

7.3 TCP/IP-Protokoll

TCP/IP = Transmission Control Protocol/Internet Protocol = Norm, die Ende der 70er Jahre vom US-Verteidigungsministerium festgelegt wurde (ARPA = Advanced Research Projects Agency).

= Sammelbegriff für eine Familie von Protokollen und Funktionen zur Datenkommunikation zwischen Systemen unterschiedlicher Architektur. (Bsp.: Kommunikation zwischen einem Bus-Netz und einem Ring-Netz)

= formelle Sendemethode. Es wird zuerst eine Verbindung aufgebaut, bevor Daten gesendet werden. Nach der Sendung wird eine Quittung ausgestellt.

= integraler Bestandteil des Berkley UNIX (Warenzeichen der AT&T) Version 4.2 Betriebssystems und anderer UNIX-Implementierungen

= Möglichkeit des Netzaufbaus mit unterschiedlichen Übertragungsprotokollen und Kommunikation zwischen Systemen unterschiedlicher Hersteller. (DOS kommuniziert mit UNIX usw.)

= Möglichkeit der Herstellung von Verbindungen innerhalb von Einzelnetzen über Gateways und von Rechnern unterschiedlicher Hersteller und Architekturen. Auch Host-Anbindungen und WAN-Verbindungen.

TCP/IP wird heute sehr gerne von kommerziellen DV-Anwendern genutzt, da es sehr wesentlich zur Erhöhung der Connectivity unter den Netzwerkteilnehmern beiträgt.

TCP gewährleistet den Auf- und Abbau der einzelnen Verbindungen zwischen den am Netz angeschlossenen Sendern und Empfängern. Außerdem kontrolliert es den Datenfluß und übernimmt die Garantie für Datenintegrität (= Unverfälschtheit der Daten). Ebene 4 des ISO/OSI-Schichtenmodells.

IP ist für eine korrekte Adressierung der Informationen verantwortlich. Ebenso für die Aufteilung der Daten in einzelne Datenpakete und für die Reassemblierung (= das nach dem Versand wieder Zusammenfügen von in Datenpaketen aufgeteilten Daten zu Dateien) beim Empfänger. Ebene 3 des ISO/OSI-Schichtenmodells.

Alle namhaften Computerhersteller bieten TCP/IP-Dienste an. Diese sind zum Beispiel:

- PRINT-Funktionen iprint und lplr zum Absenden von Print-Dateien an Unix-Spooler und an Hochleistungsdrucker

- FTP = File Transfer Protocoll. Hier wird der Transfer von Dateien erlaubt; der PC-User kann außerdem auf dem Host-Rechner Dateien auflisten, Dateien löschen und umbenennen. Es wird die zuverlässige Übertragung von Dateien zwischen unterschiedlichen Systemen, unabhängig von deren Betriebssystem, interner Zeichendarstellung und unterschiedlichen Dateisystemen ermöglicht.

- SMTP = Simple Mail Transfer Protocol zur Nutzung der elektronischen Post. Es wird der Austausch von Nachrichten und Textdateien zwischen unterschiedlichen Systemen ermöglicht.

- TELNET = Es wird eine bidirektionale/zeichenorientierte Kommunikation zwischen Systemen erlaubt. Es werden Datenstationen mit Systemen verbunden, also die Fähigkeit, an einem Rechner ein "Log on" zu einem bestimmten Prozess vorzunehmen etc.

7.4 SDLC/HDLC-Protokoll

Die Abkürzung "SDLC" steht für "Synchronous Data Link Control" (SDLC) (X.25-Schnittstelle) und entspricht der IBM-Version des HDLC-Protokolls.

Die Abkürzung "HDLC" steht für "High-Level Data Link Control" und stellt die Repräsentanz der Normen ISO, ECMA und DIN dar.

Die SDLC/HDLC-Protokolle sind synchrone bitorientierte Protokolle, die unter anderem den Duplexbetrieb ermöglichen. Außerdem sind sie codeunabhängig. Die Bedeutung dieser Begriffe finden Sie im folgenden näher erläutert.

HDLC finden wir im ISO/OSI-Schichtenmodell in der Ebene 2. Das Zugriffsverfahren unter HDLC sorgt zum Beispiel für die Weichenstellung der einzelnen Datenzüge und auch dafür, daß sie ihr Ziel erreichen. Ebenso wird der korrekte Datenempfang überwacht.

Bitorientiert bedeutet: zur Datenübertragung werden keine besonderen Steuerzeichen verwendet. Die Steuerung erfolgt im SDLC über sogenannte Control Frames = Steuerinformations-Rahmen. Ein Rahmen enthält jeweils - ein 8-Bit-Markierungswort (Flag). Das Wort dient zur Kenntlichmachung des Rahmenanfangs und des Rahmenendes;

- ein 8-Bit-Adreßwort;

- ein 8-Bit-Wort für Steuerinformationen;

- ein 16-Bit-Prüfsummenwort;

- ein Informationsfeld beliebiger Länge. Es ist zwischen dem Steuerfeld und dem Prüfsummenfeld positioniert, wenn es sich um die Übertragung eines Datenrahmens handelt.

Codeunabhängig bedeutet: es können verschiedene Codes verwendet werden, wie z.B. ASCII, EBCDIC usw.

Synchron bedeutet: die Daten werden zu Übertragungsblöcken zusammengefaßt. Es werden keine Pausen zwischen den zu übertragenden Zeichen gemacht. Die Start- und Stoppbits entfallen. Somit ist im Vergleich zum Asynchronverfahren eine bessere Ausnutzung des Übertragungsweges möglich. Die Übertragungsgeschwindigkeit wird schneller, zwischen Sender und Empfänger besteht ein ständiger Gleichlauf. Die Taktinformation wird im Taktgeber geliefert. Es muß immer das erste Bit eines Datenblocks identifiziert werden.

Asynchronverfahren: Bei diesem Verfahren wird die Übertragung durch ein Startsignal (Startbit) angekündigt und durch ein Stoppsignal beendet = Start-/Stopp-Verfahren; start-stop transmission. Es läßt sich technisch einfach verwirklichen. Nachteile sind:

- keine automatische Fehlerkorrektur

- maximale Übertragungsgeschwindigkeit von 1 200 bit/s ist möglich

Das SDLC-Protokoll wurde von IBM entwickelt und von nationalen und internationalen Normungsgremien (ISO, DIN uva.) unter dem Begriff HDLC übernommen und verbreitet.

Im Zusammenhang von SDLC wird auch häufig der Begriff SNA verwendet. Er hat folgende Bedeutung:

SNA = Systems Network Architecture

= ein von IBM entwickeltes Kommunikationsmodell, das mit dem ISO/OSI-Schichtenmodell vergleichbar ist.

7.5 XNS-Protokoll

XNS = Xerox Network Services

Die Netzwerkteilnehmer sind in der Lage, Dateien und Peripheriegeräte anderer Computer so zu verwenden, als ob sie ihre eigenen wären. Bei XNS handelt es sich um eine sogenannte informelle Methode der Kommunikation. Die Datenpakete werden ohne vorherige Absprache zwischen Sender und Empfänger abgeschickt. (Siehe TCP: formelle Sendemethode.) Eine Einordung in das ISO/OSI-Schichtenmodell ist nicht mehr exakt möglich. Man findet XNS in den Ebenen 3 und 4.

7.6 NETBIOS-Schnittstelle

NETBIOS ist im ISO/OSI-Schichtenmodell nicht genau einzuordnen. Es ist ein von IBM entwickeltes spezielles Netzwerkbetriebssystem, das inzwischen von vielen anderen Netzwerkherstellern ebenfalls verwendet wird. NETBIOS regelt alle Input-/Outputoperationen und ist session-orientiert (siehe Kapitel 8, Schicht 5.).

BIOS = Basic-Input-Output-System-Ebene
      = Basisprogramme für die Ein- und Ausgabe

Das BIOS stellt eine Sammlung von speziellen Programmen dar, die im Gegensatz zu Anwendungsprogrammen oder dem Betriebssystem nur von anderen Programmen genutzt werden. Das BIOS tritt niemals direkt mit dem Anwender in Dialog. Seine einzige Aufgabe besteht darin, die Anwendungsprogramme und das Betriebssystem bei der Arbeit zu unterstützen. Der Anwender erfährt zumeist nicht einmal von dessen Existenz. Das BIOS assistiert dem Betriebssystem und den Anwendungsprogrammen bei Aufgaben, die direkt mit den Hardware-Eigenschaften des Computers in Verbindung stehen. Dabei schirmt es sozusagen die beiden oberen Software-Ebenen von der Hardware des Computers ab. Die Hardware kann sich so technologisch ständig weiterentwickeln, ohne daß deshalb jedesmal die bereits bestehenden Programme infolge von Inkompatibilität angepaßt werden müssen. Das BIOS befindet sich gemäß Abbildung 7-1 in einem ROM (Nur-Lese-Speicher) auf der Systemplatine.

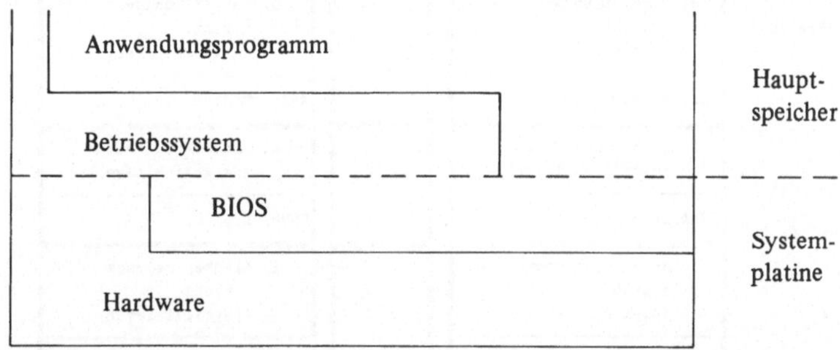

Abb. 7-1: Betriebssystem-Ebene und Umgebung

Außerdem unterscheidet man noch Protokolle wie DDCMP, BSC, Arcnet, Appletalk kompatible und vieles mehr. Auf sie soll im Rahmen dieser Ausarbeitung nicht näher eingegangen werden.

Netzwerkhersteller verwenden heute entweder nur ein bestimmtes Protokoll oder mehrere Protokolle gleichzeitig, um ein Netzwerk zu betreiben.

So verwendet z. B. die Fa. Schneider + Koch für SK-Net die Protokolle CSMA/CD und TCP/IP, die Fa. IBM CSMA/CD, SDLC, TCP/IP gleichzeitig, um einen optimalen Netzwerkbetrieb zu gewährleisten. Um den Netzwerkbetrieb nach Einschalten der PCs zu aktivieren, ist es erforderlich, sich in das Netz "einzuloggen". Man

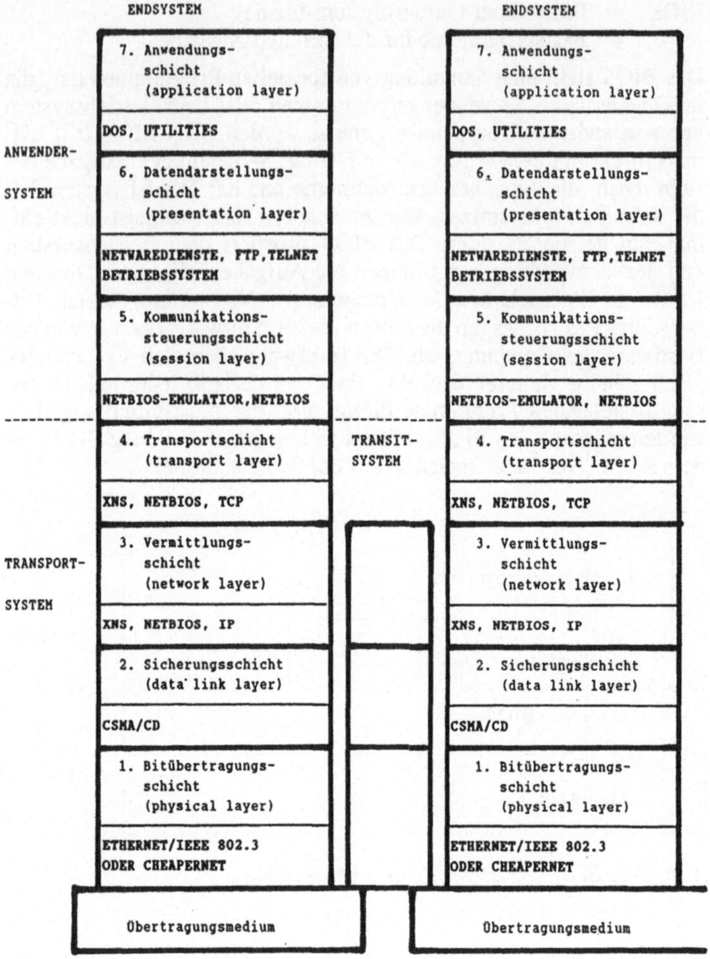

Abb. 7-2: ISO/OSI-Schichtenmodell

erteilt hierzu in der Regel den Befehl LOGIN. Möchte man sich aus
dem Netz wieder "ausloggen" und mit der User-Station z. B. isoliert
arbeiten, erteilt man den Befehl LOGOUT. Ist man im Netz "einge-
loggt", können alle Netzwerkvorteile in Anspruch genommen
werden.

7.7 Das FDDI-Protokoll

FDDI = Fiber Distributed Data Interface

Bei FDDI handelt es sich um ein reines Lichtwellenleiter-Netzwerk mit einer Datenübertragungsrate von 100 Millionen Bit pro Sekunde. Das Übertragungsmedium ist eine optische Glasfaser, die kilometerweit Signale mit 125 MHz transportieren kann. Dieses Hochleistungsnetz der Zukunft wurde von Schneider + Koch + Co. in Karlsruhe entwickelt und wird erstmals zur SYSTEMS im Herbst 1989 vorgestellt.

FDDI ist, laut Netzwerker/Juli 1989, eine Implementierung des Token-Ring Datenübertragung-Protokolls. FDDI benutzt im Token-Ring-LAN ein 125 MHz-Signal für den Transport von Daten. Die sehr effektive Daten-Codierung nach dem 4B/5B-Verfahren erlaubt es, mit diesem 125 MHz-Signal eine Brutto-Transportrate von 100 Millionen Bit/Sekunde zu realisieren! Es wird eine 80 %ige Ausbeute garantiert und vieles mehr.

FDDI-Netzwerke ermöglichen den Anschluß von maximal 1000 Stationen. Die maximale Ringlänge beträgt 200 km bei einem Abstand von maximal 2 km zwischen zwei Netzwerkknoten.

Zusätzliche Vorteile sind neue Features wie Redundanz-Diagnose, Monitoring, Diagnose von Fehlerraten, Netzwerk-Management.

Das FDDI-Protokoll garantiert Zuverlässigkeit und extreme Performance und schafft das bis heute schnellste Token-Ring-LAN.

8 Das ISO/OSI-Referenzmodell für offene Kommunikationssysteme

Das ISO/OSI-Referenzmodell wird häufig auch OSI-Schichtenmodell genannt. Es handelt sich hierbei um ein vom ISO (= International Organization for Standardization = Internationales Normungsgremium) vorgelegtes Normenmodell für die offene Kommunikation zwischen Netzwerkteilnehmern, unabhängig von der Entfernung (lokal, kontinental, interkontinental) und des benutzten Systems des jeweiligen Netzwerkteilnehmers.

Zu Anfang war, wie bereits erwähnt, es immer so, das jeder Computerhersteller aus Wettbewerbsgründen sein eigenes Netzwerk entwickelte. Es gestattete ihm, daß nur die Kunden seiner Produkte in den Genuß der Netzwerkvorteile kam, und nur diese Kunden untereinander Nachrichten miteinander austauschen konnten, nicht jedoch mit Teilnehmern anderer Systeme und Netzwerke.

Diese Lösung konnte auf Dauer nicht befriedigend sein. Deshalb entwickelte das US-Verteidigungsministerium ab 1969 ein sogenanntes interaktives Netz, das die Kommunikation mit so gut wie allen auf dem Markt befindlichen Systemen erlaubt.

Auch private Netzwerkhersteller begannen nun, sich immer mehr für diese Form der Kommunikation zu interessieren. Es kam schließlich zum Normenvorschlag des ISOs in Form des OSI-Referenzmodells (= Open Systems Interconnection), das sich heute größter Beliebtheit erfreut). (Siehe Seite 38, Abbildung 7-2.)

Beim OSI-Schichtenmodell handelt es sich um ein Gedankenmodell, bei dem die Kommunikation streng in aufgabenbezogene Schichten gegliedert wird. Die unteren Schichten 1 bis 4 haben die Aufgabe der Transportfunktion, sie wickeln Transportprotokolle ab. Die oberen Schichten 5 bis 7 beschreiben Anwendungsprotokolle (Anwendungssysteme). So wird Ordnung im Ablauf der Kommunikationsbeziehungen geschaffen. Auf diese Art und Weise können alle für eine Kommunikation benötigten grundsätzlichen Aufgaben erkannt, beschrieben und zueinander in Beziehung gesetzt werden. So setzt sich auch die Deutsche Bundespost sehr nachdrücklich für die offene Kommunikation ein, sie betrachtet es sogar als ihre Verpflichtung, jedem die Kommunikation zu ermöglichen.

Eine offene Kommunikation läßt sich jedoch nur durch das gemeinsame Vorgehen aller Beteiligten, wie Hersteller, Anwender und Fernmeldeverwaltungen erreichen.

Telekommunikation, Bürokommunikation und Datenverarbeitung wachsen immer mehr zusammen. Die offene Kommunikation wird daher immer wichtiger und mit ihr das ISO/OSI-Schichtenmodell.Das ISO/OSI-Schichtenmodell ist wie folgt aufgebaut:

A FUNKTIONSSCHICHTEN DES TRANSPORTSYSTEMS

Schicht 1:

= Bitübertragungsschicht
= Physikalische Schicht (physical layer)

Eine Information wird vom Sender an den Empfänger abgeschickt. Die 1. Schicht des ISO/OSI-Schichtenmodells wird angesprochen. Sie stellt die ungesicherte Übertragung einer Information auf der Übertragungsstrecke bereit und ist somit die Grundlage für die Kommunikation. Sie umfaßt die physikalischen Übertragungsmedien wie z. B.Kabelspezifikation usw.

Vorteile:

- es können 10 Miobit/sec. übertragen werden

- weitreichende Kommunikationsmöglichkeit, da viele andere Rechner ebenfalls unter ETHERNET oder mit Token-Ring arbeiten.

Jede Schicht übernimmt eine gezielte Aufgabe und kann Dienstleistungen an eine oder mehrere Einheiten in der übergeordneten Schicht anbieten. Gleichzeitig kann eine Schicht Dienstleistungen von einer oder mehreren Einheiten in der nächsten darunterliegenden Schicht benützen. Die Grenzpunkte zwischen den benachbarten Schichten, wo die Dienstleistungen angeboten oder auch genutzt werden, bezeichnet man als Dienstanschlußpunkt. Die Operationen innerhalb einer Schicht, damit das Anbieten einer Dienstleistung möglich wird, ist durch die sogenannten Peer Protocols (= Protokolle unter gleichgestellten) geregelt.

Auf dieser Grundlage meldet die 1. Schicht eventuell festgestellte Fehler an die 2. Schicht zum Dienstanschlußpunkt weiter. Die 2. Schicht kann nun darüber entscheiden, was sie aufgrund dieser Meldung unternimmt.

Wichtige Normen: Ethernet/IEEE 802.3, Cheapernet, Token-Ring IEEE 802.5, usw.

Wichtige vom CCITT genormte Protokolle sind hier:

- Fernsprechnetz: V.24-, V.28-Schnittstellen

- Telex-Netz: X.D

- Teletex-Netz: X.21

- Telefax-Netz: T.3 (Gruppe 2)

-    Direktruf-Netz: V.24, X.21

-    DATEX-L-Netz: X.21

-    DATEX-P-Netz: X.21, X.20

-    Bildschirmtext: X.21

2. Schicht:

= Sicherungsschicht
= Datensicherungs- oder Verbindungsschicht (data link layer)

Aus der ungesicherten Übertragung in Schicht 1 wird mit Hilfe der Schicht 2 eine gesicherte Übertragung erreicht. Dabei wird die Bitübertragungsschicht gegen auf den Übertragungsteilstrecken auftretende Übertragungsfehler abgesichert. Aus einem fehlerbehafteten Kommunikationskanal, zum Beispiel wegen nicht vermeidbarer elektromagnetischer Einflüsse, oder gleichzeitiger Sendung zweier Teilnehmer, wird ein für die Anwendung notwendiger fehlerfreier Übertragungsweg erzeugt.

Die 2. Schicht versucht also, die in der physikalischen Schicht entstandenen Übertragungsfehler zu erkennen und wenn möglich, zu korrigieren. Sie versieht Nachrichten außerdem mit Sender- und Empfangsadressen. So können in dieser Schicht Mittel zur Fehlererkennung, zur Datenflußkontrolle zwischen zwei Punkten und zur Wegfindung zwischen zwei Punkten bereitgestellt werden. Als Dienst bietet die 2. Schicht der nächsthöheren 3. Schicht die Fehlererkennung und Möglichkeit der Korrektur an sowie den Dienst für den Aufbau, Erhalt und Abbau einer Verbindung.

Als wichtige Protokolle müssen das CSMA/CD-Protokoll sowie die folgenden Protokolle vom CCITT genannt werden:

Telex: X.75

DATEX-P: X.25, X.28

Bildschirmtext: X.21

3. Schicht:

= Vermittlungsschicht
= Netzwerkschicht (network layer)

In dieser Schicht wird festgelegt, wie eine Netzverbindung zwischen den Endsystemen aufgebaut wird. Hier werden die Modalitäten der Adressierung und der Zustellung von Datenpaketen geregelt. Die 3. Schicht findet in dem Gewirr eines Netzes den richtigen Weg zwischen den einzelnen Vermittlungsknoten und stellt den sicheren und somit fehlerfreien Übertragungskanal zur Verfügung, damit die Datenpakete übertragen werden können.

Als Dienstleistung für die darüberliegende 4. Schicht ermöglicht sie den Auf- und Abbau von Verbindungen im Netz sowie den Datentransport. Außerdem führt sie Fehlerkontrollen durch, die sie wiederum an die darüberliegende Schicht zum Dienstanschlußpunkt weiterleitet.

Wichtige Protokolle in diesem Zusammenhang sind zum Beispiel XNS, IP und NetBios.

Weitere wichtige CCITT-Normen in diesem Zusammenhang sind

Fernsprechnetz:	V.25-Schnittstelle
Telex:	X.20-Schnittstelle
Teletex:	X.21, X.25
DATEX-L:	V.25, X.21
DATEX-P:	X.25, X.28
Bildschirmtext:	X.25

4. Schicht:

= Transportschicht (transport layer)

Die Transportschicht errichtet, steuert und beendet die mit Hilfe der vorhergehenden 3 Schichten hergestellten und von einer Endstelle zur anderen führenden Transportverbindung. Weiter führt sie eine Fehlererkennung und -behandlung durch und ordnet Adressen zu. So wird die Rangfolge des Datenflusses geregelt, die Zustellung gesichert und die darüberliegende 5. Schicht am Dienstanschlußpunkt informiert.

Wichtige Protokolle bezüglich der 4. Schicht sind:

- XNS, NetBIOS, TCP

Ebenso sind lt. CCITT wichtige Protokolle:

- Telex: S.4
- Teletex: S.70
- Telefax (Gruppe 2): T.30

Die Einhaltung der in den Schichten 1 bis 4 verankerten Protokolle garantiert, daß die Informationen in der richtigen Reihenfolge und fehlerfrei beim Empfänger ankommen.

B FUNKTIONSSCHICHTEN DES ANWENDERSYSTEMS

5. Schicht:

= Kommunikationssteuerungsschicht
= Session (session layer)
= Sitzungsschicht

In den Schichten 1 - 4 wurden lediglich Transportfunktionen durchgeführt. Ab der 5. Schicht werden Leistungen durch den Endteilnehmer erbracht.

So dient die 5. Schicht der Eröffnung einer Kommunikation, ihrer geordneten Durchführung und Beendigung. In ihr werden Sprachmittel zur Verfügung gestellt, mit denen eine Kommunikationsbeziehung gesteuert wird (Entscheidung, ob unidirektionaler, bidirektional simultaner oder bidirektional alternierender Dialog). Eine Beziehung zwischen zwei Teilnehmern wird entsprechend aufgebaut. Sollte es zu einer unerwarteten Unterbrechung kommen, wird die Beziehung erneut aufgebaut. Nach Beendigung der Kommunikation wird die Beziehung wieder abgebaut. Weitere Aufgaben der Sitzungsschicht sind: Paßwortabfrage, Dialogverwaltung, Gebührenverrechnung uvm.

Wichtige normierte Protokolle sind hier: NetBIOS-Emulator, Net-BIOS

Emulator = Programm, das den internen Aufbau eines Computers und dessen Mikroprogramm nachbildet. Programme des emulierten = nachgebildeten Computers können dadurch auf anderen Computern ablaufen. So kann mit Hilfe der Emulation das Verhalten eines Systems in einem anderen System nachgeahmt werden.

Vom CCITT festgelegte wichtige Protokolle sind hier:

-     Teletex: S.62 - Datex-P: X.28 und X.29-Schnittstelle

6. Schicht:

= Daten-Darstellungsschicht
= Presentation (presentation layer)

Das Daten-Darstellungsprotokoll legt fest, wie die Informationen in einer gemeinsamen Sprache auszutauschen und darzustellen sind (Verschlüsselungen, Formatabstimmungen usw.) Die Daten werden aus einem lokalen Datenformat in ein einheitliches Netzwerkformat umgewandelt. Ebenso werden Bildschirm- und Druckerformate angepaßt. Die Informationen werden also generell in eine für den Partner nutzbare Form gebracht.

Wichtige Protokolle sind hier:

-     NetWare-Dienste, Betriebssysteme, Telnet usw.

Das CCITT sieht als genormte Protokolle vor:

Telex:	S.5
Teletex:	S.62, S.61, S.60
Telefax (Gruppe 2):	T.30
Bildschirmtext:	S.100

7. Schicht:

= Verarbeitungsschicht
= Anwendungsschicht (application layer)

	7	6	5	4	3	2	1	
					V.25		V.24 V.28	Fern- sprechnetz
		S.5		S.4	X.20		X.D	Telex
	S.60	S.62 S.61 S.60	S.62	S.70	X.21 X.25	X.75 (Unter- menge)	X.21 X.21	Teletex
		T.30		T.30			T.3	Telefax (Gruppe 2)
							V.24 X.21 X.21	Direkt- rufnetz
					V.25 X.21		X.21	DATEX-L
		X.29 | X.28			X.25 X.28	X.25 X.28	X.21 X.20	DATEX-P
		S.100			X.25	X.25	X.21	Bild- schirmtext

Abb 8-1: Übersicht über genormte Protokolle im OSI-Schichten-modell

In der 7. Schicht werden alle System- und Anwendungssteuerungen durchgeführt. Hier sind auch Dienstprogramme angesiedelt, die den Lauf eines Anwenderprogramms verwalten. Die Daten werden unmittelbar von der jeweiligen Anwendersoftware verarbeitet. Die Information ist am Ziel beim Empfänger angelangt.

Wichtige Protokolle sind:

- DOS-Anwendungen

- LAN-Utilities (Nachrichtenaustausch, Erkennung beschädigte Daten uvm.)

Vom CCITT wird hier als wichtig angesehen:

- Teletex: S.60

Generell wäre noch anzumerken, daß das ISO/OSI-Schichtenmodell sehr viel später entstanden ist, als die vorgenannten Normen und Protokolle. Man versucht heute, die genannten Normen und Protokolle dem ISO/OSI- Schichtenmodell anzupassen und so eine optimale Kommunikation zwischen Sender und Empfänger zu ermöglichen.

Für einen optimalen Netzwerkbetrieb sind mindestens die Schichten 1 bis 4 notwendig. Viele Netzwerkprodukte umfassen immer noch lediglich die Schichten 1 und 2. Höhere Funktionen müssen in diesen Fällen vom Anwender selbst für seine Bedürfnisse programmiert werden.

9 Aufbau und Funktion eines lokalen Netzwerkes

Damit der Datenaustauch in einem Netzwerk möglich ist, sind bestimmte Anforderungen an die zu beschaffende Hardware und Software zu stellen (Abbildung 9-1).

9.1 Die Hardware

Ein Netzwerk ist von der Hardwareseite aus wie folgt aufgebaut:

- Arbeitsstationen
- File Server, Host-Anbindungen
- Netzwerk-Adapter (Netzwerkkarten, auch Boards oder Controllerplatine genannt)
- Kabelsystem (Ethernet, Cheapernet, Glasfaser, Telefonkabel (Twisted Pair) usw.
- erforderliche Verbindungselemente wie Transceiver, Abschlußwiderstände (BNC-Stecker) usw.
- evtl. Repeater
- evtl. Bridges, Gateways und Modems
- evtl. Bootboards

9.2 Die Software

Zum Netzwerkbetrieb wird folgende Software benötigt:
- Netzwerksoftware für jeden LAN-PC sowie Netzwerk-Betriebssystem und Dienstprogramme; z. B. SK-NET unter Novell Advanced Netware, PC-LAN, NETBIOS, NOVELL, TCP/IP uvm.
- Betriebssystem für intelligente Arbeitsstationen, z. B. MS-DOS, PC-DOS, OS/2, PS/2, Novell usw.
- Netware Interface Shell1[*]

---

[*] Die Shell

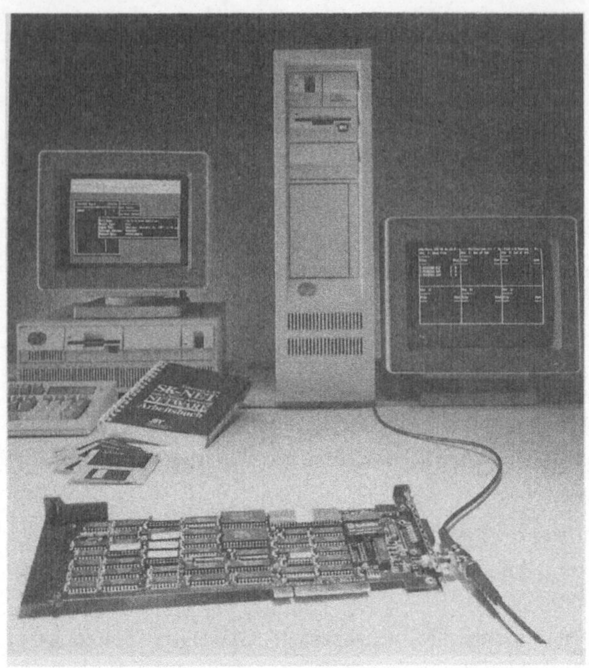

Abb. 9-1: Netzwerkhard- und software

- Anwenderprogramme, z. B. Textverarbeitungsprogramme wie WORD, Profitext usw.

- Überwachungsprogramme für die angeschlossenen Arbeitsstationen wie z. B. LAN Assist usw.

Damit eine Kommunikation zwischen der File Server-Software und den Netzwerk-Dienstprogrammen einerseits und dem Betriebssystem der einzelnen Arbeitsstationen sowie den notwendigen Anwenderprogrammen andererseits möglich ist, bedient man sich einer sogenannten Shell, auch Network Interface Shell genannt.

Die Shell stellt im File Server die Verbindung zwischen dem Betriebssystem (z. B. DOS) und der Netzwerk-Software her und übernimmt so eine unverzichtbare Brückenfunktion. Mit Hilfe der Shell wird die Steuerung aller DOS-Funktionen übernommen.

Je nach Leistungsfähigkeit werden große und kleine Shells unterschieden. Die Shell ist in Form einer speziellen Software erhältlich, die auf die Platte des File Servers geladen werden muß.

10 Bridges und Gateways

Damit ein Nachrichtenaustausch von Teilnehmern verschiedener Netzwerke möglich wird, ist die Kopplung der LANs erforderlich. Man bedient sich hierzu der in Abbildung 10-1 genannten Möglichkeiten.

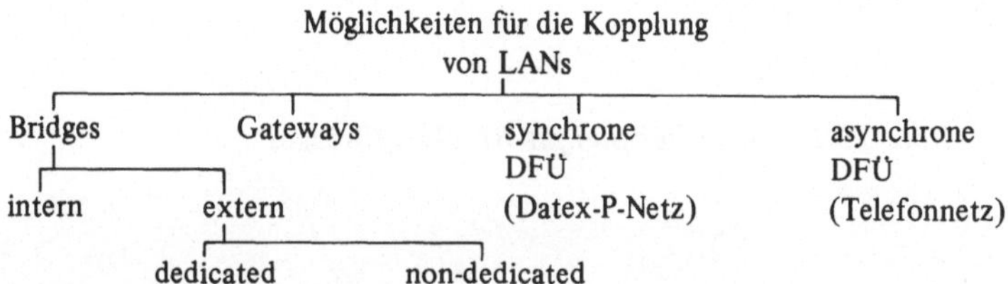

DFÜ = Datenfernübertragung

Abb. 10-1: Möglichkeiten für die Kopplung von LANs

10.1 Bridges

Sollen mehrere LANs miteinander verbunden werden, besteht die Möglichkeit, eine sogenannte Bridge zu installieren. Hierdurch wird die Connectivity (= Kommunikationsfähigkeit unter den Netzwerkteilnehmern) sehr wesentlich gesteigert. Allgemein gilt:

Bridge = Software und Hardware zur Herstellung von Verbindungen zwischen Local Area Networks mit dem selben Kommunikationsprotokoll und Übertragungsmedium (Abbildung 10-2).

Bsp.:   Ein Bus-Netz soll mit einem Bus-Netz nach Ethernet-Norm verbunden werden.

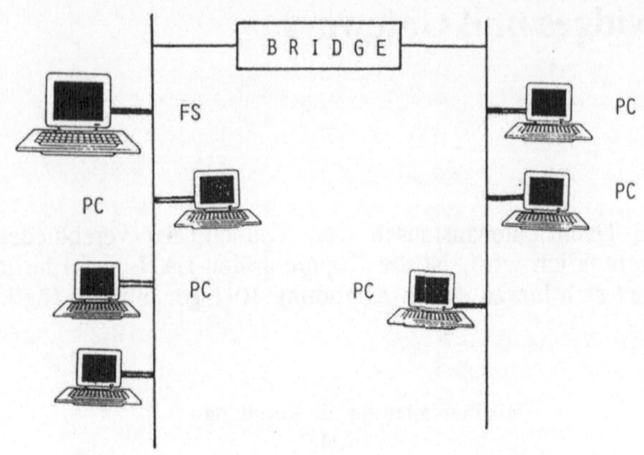

Abb. 10-2: Musterbeispiel für Brücken (Bridges)

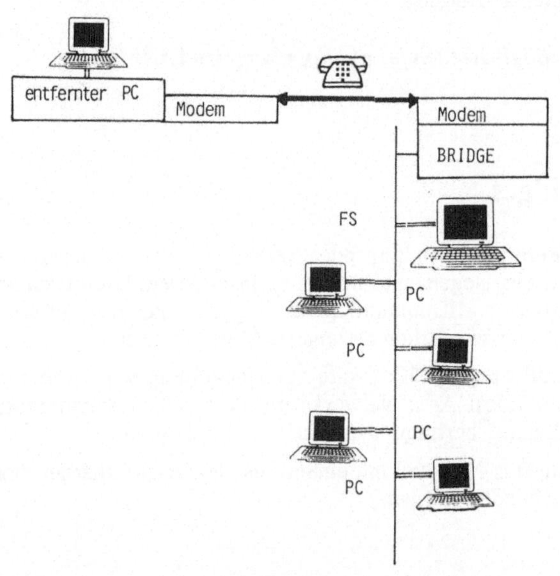

Abb. 10-3: 1. Beispiel für entfernte Brücken (Remote Bridges)

Novell weicht von dieser allgemeinen Definition ab. Novell Net-
Ware- Bridges sind in der Lage,

-    LANs mit unterschiedlichen Kommunikationsprotokollen

-    LANs mit unterschiedlichen Übertragungsmedien

-    LANs mit unterschiedlichen Adressierungsarten

zu verbinden. Novell NetWare-Bridges stellen somit eine Art Misch-
form dar, was die allgemeine Definition betrifft (Abbildung 10-3 und
10-4).

Bsp.:   Ein Ethernet-LAN mit Cheapernet-Koaxial-Kabel wird mit
         einem Token-Ring-LAN mit einem anderen Kabel und
         Übertragungsprotokoll verbunden.

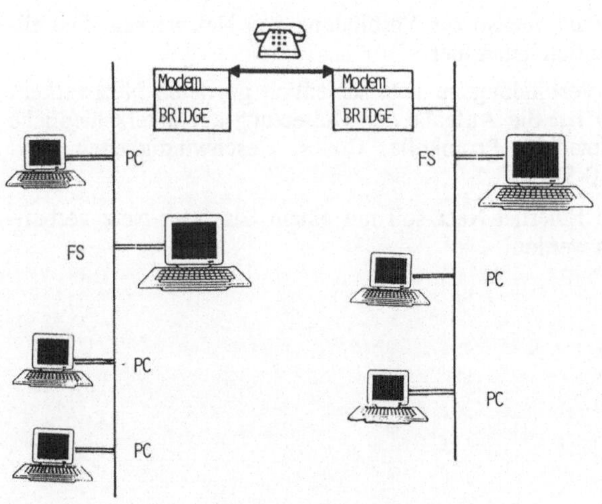

Abb. 10-4: 2. Beispiel für Brücken

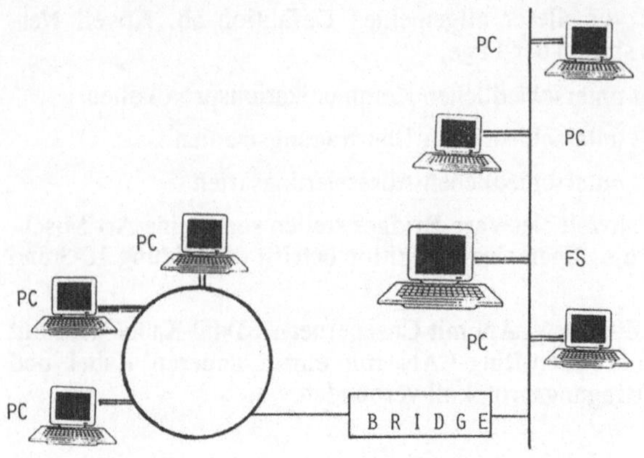

Abb. 10-5: Beispiel für ein INTERNET (Ring- und Bus-Topologie werden durch eine Bridge verbunden.)

10.2 Gateways

Gateways dienen ebenso zur Verbindung von Netzwerken. Die allgemeine Defintion lautet hier:

Gateway = Verbindung zu unterschiedlich gearteten Netzwerken. Das Gateway hat die Aufgabe der Umsetzung auf unterschiedliche übertragungsmedien, Protokolle, Codes, Geschwindigkeiten usw. (Abbildung 10-5).

Bsp.: Ein Ethernet-Netz soll mit einem Glasfaser-Netz verbunden werden.

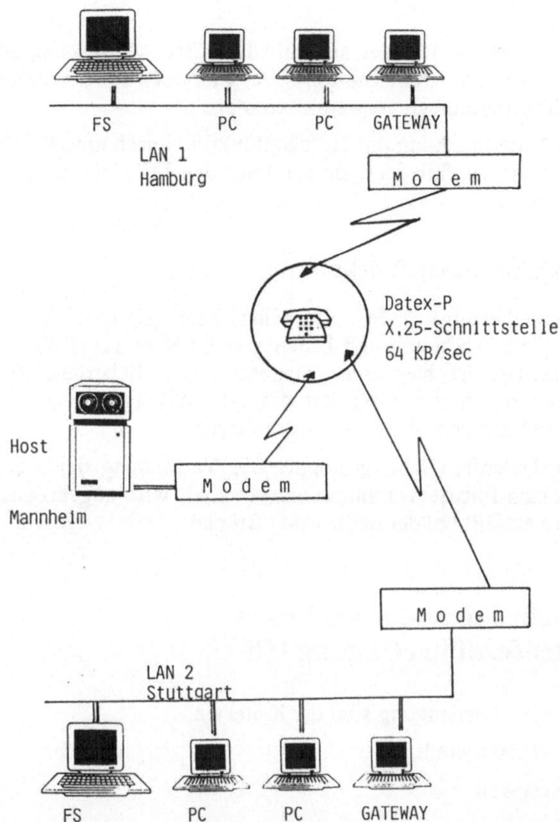

Abb. 10-6: Datex-P-Lösung zur Datenfernübertragung/mit X.25 zum WAN

10.3 Interne und externe Brücken

Grundsätzlich unterscheidet man

10.3.1   interne Brücke

= Brücke, die in einem File Server installiert ist

10.3.2   externe Brücke

= Brücke, die in einer Arbeitsstation (User Station) installiert ist.
Externe Brücken können nochmals wie folgt unterschieden werden:

10.3.2.1 dedizierte Brücke

= dedicated Bridge = PC, der ausschließlich Brückenfunktion ausübt. Er kann nicht als Arbeitsstation (User Station) zur Abwicklung von Anwenderprogrammen verwendet werden.

Vorteil: Die Unterbrechung der Brückenfunktion durch eine Fehlbedienung des Users entfällt hier, da der User den PC nicht als User-Station benutzt.

10.3.2.2 nicht dedizierte Brücke

= non-dedicated Bridge = PC, der beides kann. Er kann Anwendungsprogramme bearbeiten und Daten von LAN zu LAN übertragen. Der Nachteil ist hier eine eingeschränkte Sicherheit! Eine Fehlbedienung durch den User bei der Abwicklung von Anwendungssoftware kann zum Brückenabsturz führen.

Folgen: Der Datenfluß wird gestoppt. Die Verbindung der Stationen, die an einen File Server angeschlossen sind, wird abgebrochen. Dieses Risiko entfällt bei der dedizierten Brücke.

10.4 Synchrone und asynchrone Datenfernübertragung (DFÜ)

Bei der Datenfernübertragung sind die Kriterien

-	Transportgeschwindigkeit

-	Zuverlässigkeit

-	Wirtschaftlichkeit am wichtigsten.

10.4.1 Synchrone Datenfernübertragung

Das Fernmeldenetz der Deutschen Bundespost, hier das Datex-P-Netz, ermöglicht eine Geschwindigkeit von 64 kBit/s mit stabilen Leitungen. Es gibt die Möglichkeit der Standleitung und der Wählleitung. Maßgebend ist hier die X.25-Schnittstelle. Eine weltweite DFÜ ist möglich.

Bei der synchronen Datenfernübertragung werden die zu übertragenden Daten in Blöcken zusammengefaßt. Das Senden von Start- und Stopp-Bits entfällt. Die Übertragungsgeschwindigkeit wird dadurch bedeutend höher.

10.4.2 Asynchrone Datenfernübertragung

Hier wird das Telefonnetz der Deutschen Bundespost zur Datenfernübertragung benutzt. Die Übertragungsgeschwindigkeit beträgt lediglich 2 400 bit/s. Dafür ist es preiswert und reicht für die gele-
gentliche Datenübertragung aus.

Bei der asynchronen Datenfernübertragung (Abbildung 10-6) wird
die Übertragung jedes Zeichens durch ein Startsignal (Startbit) angekündigt und durch ein Stoppsignal (Stoppbit) beendet. Sie ist deshalb
langsamer als die synchrone DFÜ.

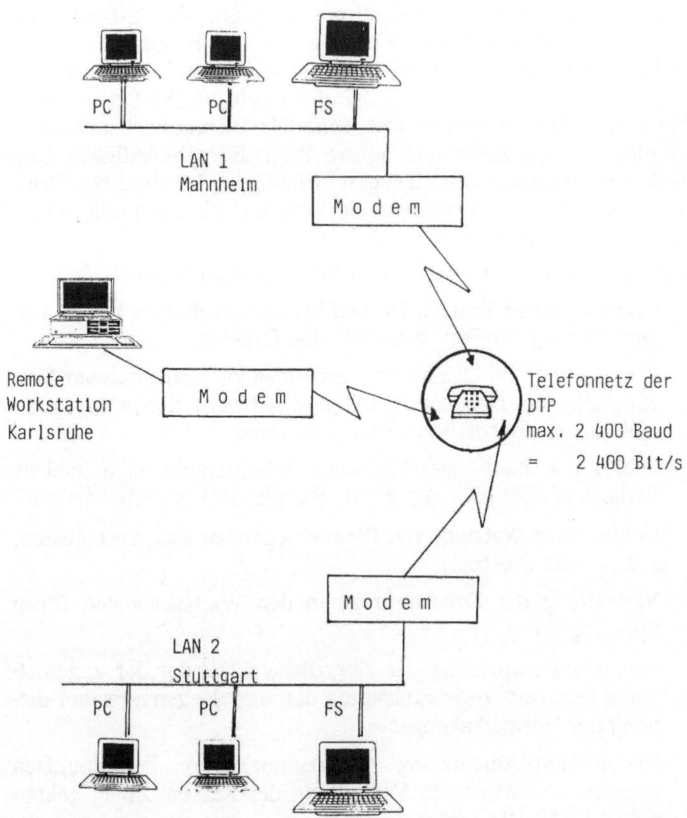

*Abb 10-7: Beispiel für Brücken mit asynchroner Datenfernübertra-
gung*

11 Die Aufgaben des File Servers im Netz

Der File Server ist als das Gehirn des Netzwerkes anzusehen. Es handelt sich hierbei meist um einen schnellen AT-kompatiblen PC, der als sogenannter Massenspeicher dient. In ihm sind alle Programme und Dateien für die angeschlossenen Arbeitsstationen (User Stations) gespeichert. Im PC laufen auch alle Betriebssystem-Funktionen ab.

Je leistungsfähiger der File Server, um so leistungsfähiger ist das Netzwerk insgesamt. Am schnellsten ist heute ein 32-Bit-80386-Computer. 80486er und 80586er Computer sind bereits in der Entwicklung und in Kürze verfügbar. Er ist mit 16 MHz getaktet. Allgemein wäre noch anzumerken, daß die an einem File Server angeschlossenen User-Stations im Netz beim Einsatz eines schnellen Servers eine vier bis sechs mal höhere Zugriffsgeschwindigkeit zum File Server erreichen. Die Eigengeschwindigkeit der einzelnen User-Station bei der Datenverarbeitung kann jedoch auch mit einem schnellen File Server nicht erhöht werden.

Die Aufgaben eines File Servers im Netz sind zum Beispiel

- Daten im RAM-Bereich hin und her zu verschieben für die Datenpufferung zur Festplatte oder zum Drucker.

- Speicherung von Daten und Ressourcen zur gemeinsamen Nutzung aller am Netzwerk beteiligten Arbeitsstationen durch gemeinsamen Zugriff; Verwaltung der Daten.

- Dialog mit allen angeschlossenen Arbeitsstationen. Schnellste Bedienung aller Anfragen an die Festplatte(n) des File Servers.

- Gemeinsame Nutzung von Peripheriegeräten und Anschlüssen, z. B. an das Postnetz.

- Verwaltung der Druckaufträge in den Warteschlangen (Print Spooling usw.).

- Ständige Überprüfung der Zugriffsberechtigung der angemeldeten Benutzer sowie Einhaltung der vom Systemverwalter disponierter Einschränkungen.

- Buchführung/Abrechnung (Accounting) der beanspruchten Dienste - Transparente Verwaltung der Ressourcen in gekoppelten LANs (Bridging).

- Netzwerksteuerung.

Das Netzwerk wird durch das Starten des File Servers in Betrieb genommen. Die einzelnen angeschlossenen Arbeitsstationen "loggen" in das Netzwerk ein und nutzen die Netzwerkvorteile. Mit "LO-GOUT" können sie sich vom Netzwerk wieder abkoppeln.

Verfügen die Arbeitsstationen über eine eigene Intelligenz, können sie als Einzelplatzsysteme, zum Beispiel unter MS-DOS netzunabhängig weiterarbeiten. Loggen sich die Arbeitsstationen in das Netz ein, geben sie ihre eigene Intelligenz auf und bedienen sich beim File Server.

In der Regel übernimmt der File Server die oben genannten Aufgaben gleichzeitig (Multitasking-Verfahren). Handelt es sich jedoch um ein großes Netz mit einem großen Kommunikationsbedarf, können mehrere Server installiert werden, die unterschiedliche Aufgaben im Netz übernehmen, wie zum Beispiel

- Printer Server = für die Druckerverwaltung

- Disk Server = für die Massenspeicherverwaltung

- Kommunikations-Server = für die Verwaltung der Zugriffe auf Postdienste (Teletex, Datex-P usw.)

- Bridge-PC = für die Verbindung gleichartiger LANs

- Gateway-PC = für die Verbindung von LANs mit unterschiedlichen Protokollen; Voraussetzung: NetBIOS-Programm-Schnittstelle

und andere.

Mit SK-Net ist ein File-Server in der Lage, 50 bis 70 Arbeitsstationen zu bedienen. Maßgebend ist die Datenmenge, die transportiert werden muß. Ist ein File Server ausgelastet, muß unter Umständen ein größerer File Server oder ein zusätzlicher File Server eingesetzt werden, um den Flaschenhalseffekt zu beheben (siehe hierzu auch das Kapitel Benchmark-Test!).

11.1 Die Netzwerk-Festplatten

Jeder File Server kann über eine oder mehrere Festplatten verfügen. Die Daten auf den Netzwerk-Festplatten sind in Volumes, Subdirectories und Dateien organisiert.

11.1.1 Volumes

Unter Volume versteht man die Einteilung der Netzwerk-Festplatten in eine oder mehrere physikalische Bereiche. Die Einteilung wird während der Installation vorgenommen. Jeder File Server hat mindestens ein Volume, das SYS: genannt wird. Insgesamt können bis zu

32 Volumes eingerichtet werden. Bei der Installation muß außerdem die Anzahl der Directories pro Volume angegeben werden.

11.1.2 Directories

Das Volume wird in Directories unterteilt. Jedes Directory kann zusätzlich in Subdirectories (= Unterverzeichnisse) unterteilt werden, wie dies bei DOS üblich ist.

11.1.3 Lokale Laufwerke

Zur Laufwerkskennzeichnung benutzt NetWare analog DOS Buchstaben wie z. B.: A> B> usw.

11.1.4 Netzwerk-Laufwerke

Im Netzbetrieb stehen dem Benutzer außer den lokalen Laufwerken auch noch die Netzwerk-Laufwerke zur Verfügung. NetWare ermöglicht es, über 26 logische Laufwerksbezeichnungen - die Buchstaben A bis Z - zu definieren und anzusprechen.

Achtung: Die vorgenannten logischen Laufwerke entsprechen keinerlei physikalischen Datenstrukturen auf der Festplatte. Sie stellen ein NetWare-spezifisches Organisationsprinzip dar, welches zur Arbeitsvereinfachung in den Directory-Strukturen dient.

11.1.5 Zuordnen von Netzwerk-Laufwerken (Mapping):

Unter Mapping (Abbildung 11-1) versteht man das Zuordnen von Netzwerk-Laufwerken zu einem bestimmten Directory. Man bedient sich hierzu entweder des Utilities SESSION oder des direkten Befehls MAP. Im Utility SESSION durchgeführte Mappings haben nur temporären Charakter. Beim Logout wird das Mapping wieder außer Kraft gesetzt.

Dauerhafte Mappings erreicht man durch die Eintragung im Login Script (Abbildung 11-2 und 11-3). Das Login Script ist eine userspezifische Arbeitsumgebung, damit der User mit seinen Programmen und Daten bequem arbeiten kann.

```
Session Manager  V1.00a                    Friday  March 18, 1988  8:57pm
             User SUPERVISOR On File Server FRANKE Station 2

        ▼ Current Drive Mappings
   A │ (Local Drive)
   B │ (Local Drive)
   C │ (Local Drive)
   D │ (Local Drive)
   E │ (Local Drive)
   F │ FRANKE/SYS:
   G │ FRANKE/SYS:SYSTEM
   P │ FRANKE/SYS:PROFI/IM4
   Y │ FRANKE/SYS:PUBLIC
```

```
Session Manager  V1.00a                    Friday  March 18, 1988  8:57pm
             User SUPERVISOR On File Server FRANKE Station 2

        ▼ Current Search Mappings
   1 │ Z:=FRANKE/SYS:PUBLIC
   2 │ X:=FRANKE/SYS:DOS
   3 │ W:=FRANKE/SYS:PROFI/IM4
```

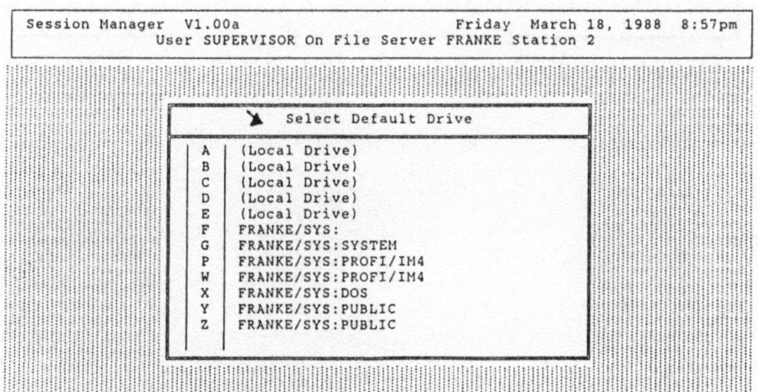
```
Session Manager  V1.00a                    Friday  March 18, 1988  8:57pm
             User SUPERVISOR On File Server FRANKE Station 2

        ▼ Select Default Drive
   A │ (Local Drive)
   B │ (Local Drive)
   C │ (Local Drive)
   D │ (Local Drive)
   E │ (Local Drive)
   F │ FRANKE/SYS:
   G │ FRANKE/SYS:SYSTEM
   P │ FRANKE/SYS:PROFI/IM4
   W │ FRANKE/SYS:PROFI/IM4
   X │ FRANKE/SYS:DOS
   Y │ FRANKE/SYS:PUBLIC
   Z │ FRANKE/SYS:PUBLIC
```

Abb. 11-1: Bildschirmabbildung: Current Drive Mappings; Novell

```
NetWare System Configuration  V2.00c          Friday  March 18, 1988  8:54 pm
                     User SUPERVISOR On File Server FRANKE


                          System Login Script

Write "Guten Tag "; full_name
write
map f:=sys:login
map g:=sys:system
map y:=sys:public
map search1:=sys:public
map search2:=sys:dos
map search3:=sys:profi\im4
map p:=sys:profi
comspec=x:command.com
#spool /nb /ti=30 /no ff
set user="%LOGIN_NAME"
```

Abb. 11-2: System Login Script; Novell

```
NetWare System Configuration  V2.00c          Friday  March 18, 1988  8:55 pm
                     User SUPERVISOR On File Server FRANKE


                        Login Script For User A01

#command xslave /c
exit "p4s.bat"
```

Abb. 11-3: Login Script für den Benutzer A01

12   Der Benchmark-Test

Unter "benchmark" versteht man ein Programm zum Testen der Leistungsfähigkeit verschiedener Computer oder Mikroprozessoren. Es wird auch zum Testen der Leistungsfähigkeit eines File Servers verwendet. Das Programm enthält deshalb die wichtigsten und am häufigsten benutzten Befehle und erlaubt einen Vergleich von Verarbeitungsgeschwindigkeit und Speicherplatzbedarf zwischen verschiedenen Systemen. Ziel ist es, möglichst viele Daten in möglichst kurzer Zeit über das Netz vom Sender zum Empfänger zu transportieren.

In den Abbildungen 12-1 und 12-2 wurden im Rahmen eines Benchmark-Tests die Leistungsfähigkeit von SK-NET und SK-NETjunior mit einem Compaq 386 File Server und einem Novell File Server Typ 286B durchgeführt. Es waren 8 Arbeitsstationen am Server angeschlossen. In den folgenden Kapiteln wird das Ergebnis beschrieben.

12.1 Benchmarktest mit File Server Compaq 386

Der Datenfluß steigt gemäß Abbildung 12-1 linear bis zu 3 PCs an. Dann erfolgt eine sehr deutliche Abflachung genau ab dem Punkt, wo der File Server bis zum äußersten beansprucht wird. Der Kurvenknick entspricht einer File Server Auslastung von 95 %. Die Leistung beträgt über 500 KB/sec.

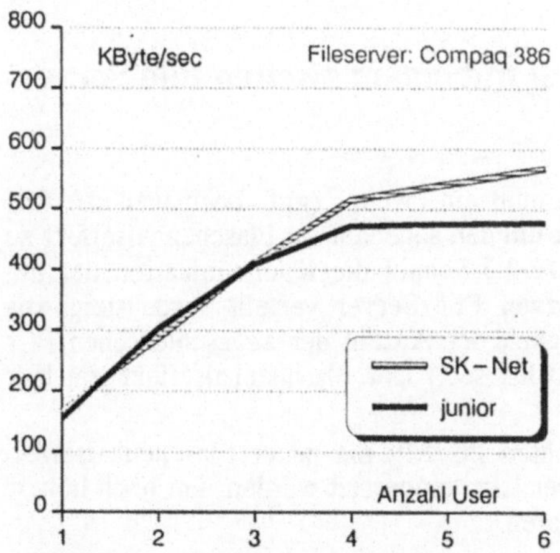

Abb. 12-1: Testergebnis mit dem File Server Compaq 386

12.2 Benchmarktest mit File Server Novell Typ 286B

Der Datenfluß steigt hier gemäß Abbildung 12-2 bis zur 4. Station
gut an. Ab der 5. Station erfolgt eine Abbremsung des Datenflusses.
Die Leistungsfähigkeit beträgt 500 KB/sec.

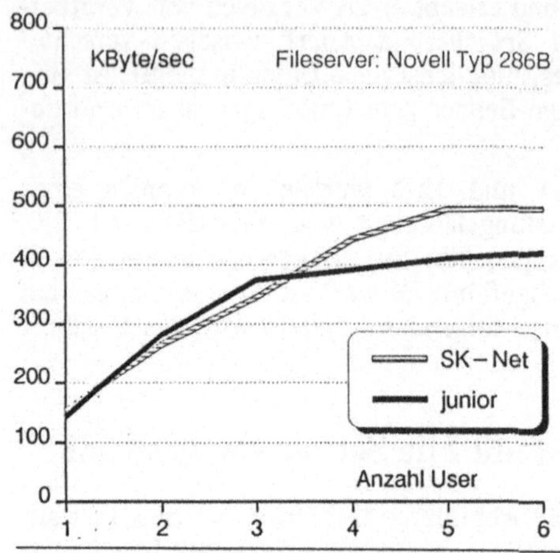

Abb. 12-2: Testergebnis File Server Novell Type 286B

12.3 Benchmarktest mit einem zweiten File Server Compaq 386

Bei einer Überbelastung muß ein zweiter (ggf. noch weitere) File
Server installiert werden, um den sogenannten Flaschenhalseffekt zu
vermeiden. (Abbildung 12-3.) Sobald die Kommunikation der angeschlossenen PCs auf zwei File Server verteilt wird, steigt die
Transferrate in Abhängigkeit der Anzahl der angeschlossenen PCs
linear an, bis hin zu 770 KB/sec.! Der Flaschenhalseffekt trat hier
etwa bei 570 KB/sec. ein.

Ab dem siebten oder achten PC tritt ein neuer Flaschenhalseffekt
auf. Ein dritter File Server kann eingesetzt werden, um noch höhere
Datenlasten zu transportieren.

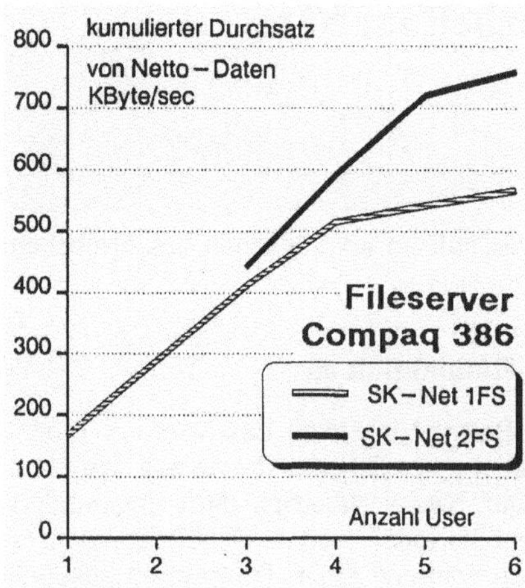

Abb. 12-3: Testergebnis mit dem zweiten File Server Compaq 386

Testergebnis:

- SK-NET und SK-NETjunior sind die einzigen LANs, die mit dem Performance-Test schon mit 3 oder 4 Stationen einen AT-File-Server erschöpfen.

- Bei einer File-Serverauslastung von 98 % zeigt die Auslastung des Netzwerk-Busses, das SK-NET erst 10 - 15 % der Ethernet-Bandbreite beansprucht.

- Die Anbindung weiterer File-Server ermöglicht LAN-Topologien mit bis zu einigen hundert PCs.

Der Benchmark-Test von Novell ist ein ausgesprochener Power-Test, der extreme File-Server-Belastungen nur mit wenigen PCs erzeugt. In der täglichen Praxis entspricht das einer Belastung durch etwa 10 mal so viele Arbeitsstationen.

13   Die Datensicherheit im Netz

Die Datensicherheit im Netz ist auf die im folgenden beschriebenen
Art und Weisen gefährdet.

1. Eine Arbeitsstation (User Station) fällt aus

Fällt eine Arbeitsstation zum Beispiel in einem Bus-Netz mit Ethernet-Kabel oder Cheapernet-Kabel unter Ethernet-Norm aus, wird das
Netzwerk nicht beeinflußt. Der Netzwerkbetrieb läuft ungehindert
mit den anderen noch aktiven Stationen weiter. Probleme kann es
geben, wenn die Arbeitsstation während einer Transaktion ausfällt.
Sie bedarf einer Absicherung.

2. Der File Server fällt aus

Der File Server ist die empfindlichste Stelle in einem Netzwerk. Der
Netzwerkbetrieb steht und fällt mit der Zuverlässigkeit des instal-
lierten File Servers. Er muß daher ebenfalls besonders abgesichert
werden.

Es müssen die Komponente File Server, Arbeitsstation, Daten und
Datenbanken abgesichert werden. Ebenso muß eine Sicherheit gegen
Stromausfall geschaffen werden. SK-Net bietet in Zusammenhang
mit NetWare die folgenden Möglichkeiten.

13.1 Datensicherheit mit SFT

Novell und SK-Net lösen die Probleme der Datensicherheit im Netz
mit dem Hilfsmittel der "System-Fault-Tolerance", auch "System-
fehler-Toleranz" genannt. Dieses Hilfsmittel veranlaßt das Netzsy-
stem bei Entdeckung eines Betriebsfehlers auf eine sogenannte Aus-
weich-Komponente umzuschalten. Im LAN werden die nachstehen-
den Bereiche abgesichert:

-    Festplattenfehler im File Server

-    Ausfall eines Laufwerkes oder Controllers im File Server

-    Stromausfall im File Server

-    Ausfall von Arbeitsstationen

Alle SFT-Funktionen (System-Fault-Tolerance-Funktionen) arbeiten automatisch und sind vom Benutzer nicht spürbar. NetWare 2.11 bietet die folgenden SFT-Funktionen an.

13.1.1   SFT Level I-Absicherung

Hier wird die Funktion der Netzwerk-Festplatten sicherer gemacht. Es wird die Funktion

Read after Write Verification mit Hotfix

ausgeübt.

Nach jedem Schreibvorgang auf die Festplatte des File Servers führt SFT Level I eine Kontroll-Lesung durch. Dabei wird ein geschriebener Satz gelesen und mit dem Original verglichen. Wird beim Hot Fix auf der Festplatte ein fehlerhafter Bereich festgestellt, werden die Daten automatisch in einen sicheren Bereich geschrieben. Der Betriebsablauf im Netzwerk oder im Arbeitsplatzrechner wird nicht beeinträchtigt. Der fehlerhafte Sektor auf der Festplatte wird in einer sogenannten Bad Block-Tabelle eingetragen und von der weiteren Verwendung durch das System ausgeschlossen.

SFT Level I bietet außerdem die **Doppelführung der Festplatten-Directories**. Sie werden auf physikalisch getrennten Spuren geschrieben.

Zusätzlich können NetWare Plattencontroller Fehlerbereiche von bis zu 11 Bit pro Sektor erkennen und reparieren. Dadurch bleiben die Daten abrufbar, selbst wenn leichte Fehler in der Platte auftreten.

13.1.2   SFT Level II-Absicherung

Es werden alle Sicherheitsmechanismen von SFT Level I durchgeführt. Außerdem bietet SFT Level II die

-   **Datenspiegelung (Disk Mirroring) oder**

-   **Duplizierung (Disk Duplexing)**

13.1.2.1 Die Datenspiegelung (Disk Mirroring):

Beim Disk-Mirroring werden zwei identische Festplatten an **einem** Festplatten-Controller installiert. (Abbildung 13-1.) So wird ein komplettes Duplikat einer physikalsichen Festplatte auf einer zweiten Festplatte abgelegt. Schreibvorgänge auf die Original-Festplatte werden sofort simultan auch auf der Duplikat-Festplatte vorgenommen. Der Server überprüft sofort alle Schreibvorgänge. Sollte ein Head-Crash eintreten und die Original-Festplatte ausfallen, übernimmt augenblicklich die redundant ausgelegte Duplikat-Festplatte das File-Serving, ohne daß ein Datenverlust eintritt. Bei der Datenspiegelung werden Lese- und Schreibvorgänge berücksichtigt.

Fällt allerdings der Controller aus, ist das Gesamtsystem gefährdet.

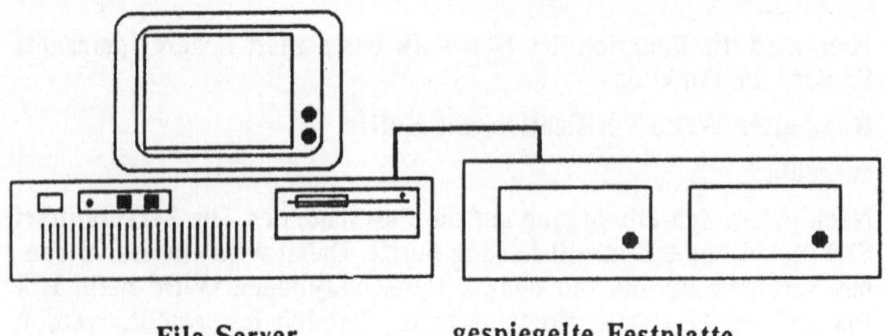

Abb. 13-1: Datenspiegelung (Disk Mirroring)

13.1.2.2 Duplizierte Festplatten (Disk Duplexing):

Bei diesem System werden folgende zusätzliche Sicherungsmaßnahmen angeboten:

- Installation von Zwillings-Festplatten

- **doppelte** Controllerauslegung

- doppelte Host-Schnittstelle

- doppelte Stromversorgung

- Controller- und Plattenkanalfehler werden automatisch erkannt, protokolliert und korrigiert.

Diese Art der Absicherung bietet also eine noch höhere Datensicherheit im Netz als das Disk-Mirroring. **An je einem Controller werden jeweils zwei Festplatten betrieben**. (Abbildung 13-2.)

Im Rahmen des Split Seeking wird bei der Ausführung von Leseoperationen auf beiden Platten gesucht. Der File Sever prüft bei jeder Lese-Anforderung, welches Laufwerk - Original oder Duplikat - diese schneller erledigen kann. Arbeitet die erste Platte gerade, wird die Leseanforderung zur zweiten Platte weitergeleitet. Bei mehreren Lese-Anforderungen werden alle Anforderungen geteilt und gleichzeitig bearbeitet. Diesen Vorgang nennt man Split Seeks. Da in den meisten Netzwerken Leseoperationen überwiegen, wird dadurch die Gesamtleistung des Netzwerksystems erheblich gesteigert. Die Schreibgeschwindigkeit wird nicht beeinflußt, lediglich die Lesegeschwindigkeit wird erhöht.

Tritt in einer Datei ein fehlerhafter Datenblock auf, liest der File Server die gespiegelten Daten vom Duplikat. Der fehlerhafte Block wird markiert und in einen sicheren Bereich übertragen. Nach der Übertragung werden die korrekten Daten aus dem Duplikat in einen neu angelegten Block übertragen. Auf diese Art und weise können Daten auf fehlerhaften Medien wiederhergestellt werden.

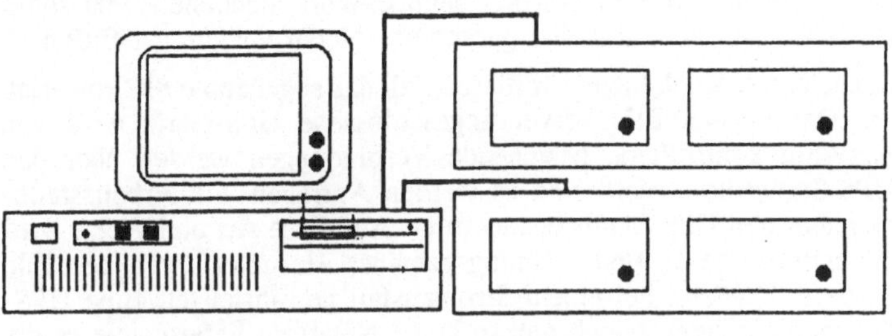

Abb. 13-2: Duplizierte Festplatten (Disk Duplexing)

13.1.3   SFT Level III-Absicherung

Bei dieser Form der Absicherung wird **der File Server doppelt** ausgelegt. (Abbildung 13-3.)

Fällt der File Server aus, übernimmt sein Zwilling sofort das Fileserving. Da die anfallende Datei-Verwaltung auf zwei File Server aufgeteilt wird, ergibt sich eine nochmalige erhebliche Leistungssteigerung (Performance).

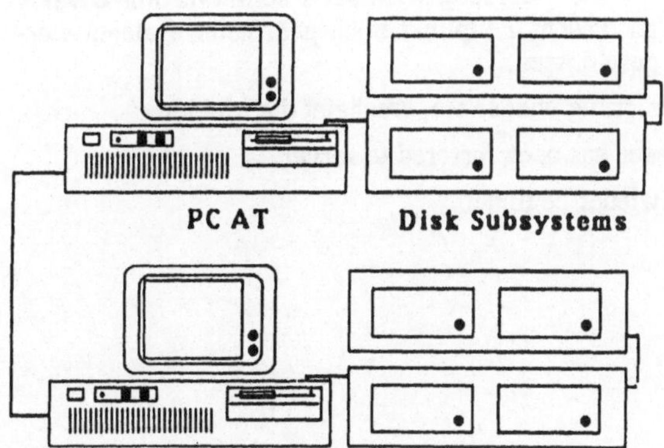

Abb. 13-3: Duplizierte File Server

13.2 Datensicherheit mit UPS

UPS = Uninterruptible Power Supply

Hinter dieser Abkürzung verbirgt sich nichts anderes als eine unterbrechungsfreie Stromversorgung. Es handelt sich um eine Notstromquelle für den File Server, die die Versorgung des File Servers nach dem Stromausfall zum Beispiel beim E-Werk sicherstellt und somit die Betriebssicherheit weiter garantiert. (Notstromaggregat-Einsatz.)

Schneider & Koch bietet für diesen Fall das sogenannte SK-Powerlab an. Das an den File Server angeschlossene UPS-Gerät wird von NetWare kontrolliert, bestehende Verbindungen werden über den UPS-Status informiert, und es werden Anfragen von Arbeitsstationen über den UPS-Status beantwortet. Auf diese Art und Weise wird ein automatisches und ordnungsgemäßes Herunterfahren des File Servers (DOWN) bei einem Stromausfall gewährleistet. Eine UPS-Stromquelle kann jedoch nur so lange Notstrom liefern, wie es die Kapazität der eingebauten Batterien erlaubt. Durch ein Zusatz-Board kann eine sinnvolle Koppelung solcher begrenzter Notstromspeicher erreicht werden.

Fällt der Strom aus der Steckdose aus, wird eine Warnung an alle aktiven Arbeitsstationen per Electronic Mail, ein NetWare-Dienst, verschickt. Sie lautet z. B.:

"You are on auxiliary power. Server will go down in xx minutes."

Jede Arbeitsstation kann in der verbleibenden Restzeit seine Arbeiten beenden und speichern. Es kann auch ein Backup von besonders wichtigen Daten gemacht werden. Vor dem totalen Ausfall (Blackout) erscheint eine letzte Meldung. Sie lautet z. B.:

"Batteries are low. Server will go down in one minute."

Eine Minute nach dieser Meldung wird der File Server mit DOWN stillgelegt. Alle zu diesem Zeitpunkt noch geöffneten Dateien werden automatisch geschlossen.

Setzt die Stromlieferung wieder ein, erscheint die Meldung:

"Commercial power has been restored to server."

Die Arbeit kann wieder beginnen.

13.3 Datensicherheit mit Backups

Bei der Backup-Funktion (Sicherungs-Kopien) werden die Daten im File Server auf Speichermedien kopiert.

Sie werden an sicheren Stellen aufbewahrt und so vor möglichen Risiken, wie Brand, Diebstahl, Überschwemmung, mutwillige Zerstörung usw. geschützt.

NetWare bietet hierfür die Programme

- LARCHIVE (= Datensicherung auf Disketten)
- NARCHIVE (= Datensicherung auf am File Server angeschlossene Netzwerk-Festplatte).

Mit dem Befehl NRESTORE können die Daten der Backup-Kopie wieder auf den Quell-File-Server übertragen werden.

Auch der Einsatz von Streamern wird unterstützt. (Abbildung 13-4.) Er bietet eine effiziente und kostengünstige Datensicherung. Streamer-Bandlaufwerke werden "ganz normal" an einen der vernetzten PCs angeschlossen, nicht am File Server! Für Advanced NetWare hat Novell den MaynStream offiziell geprüft und uneingeschränkt zugelassen.

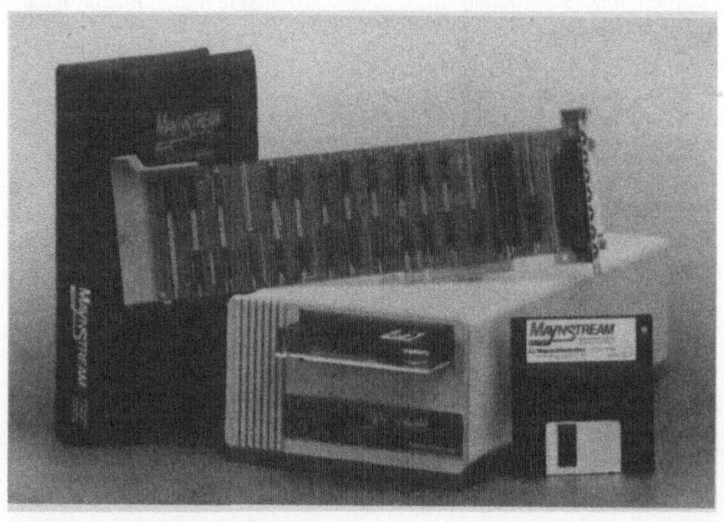

Abb. 13-4: Maynard-Streamer

13.4 Datensicherheit mit TTS
(Transaktionsfortschreibung)

TTS = Transaction Tracking System

TTS behandelt Datenbankänderungen als Arbeitseinheiten (Transaktionen). Entweder werden sie vollständig durchgeführt oder vollständig abgebrochen. Es werden entweder alle Aktualisierungsschritte einer Transaktion auf Platte geschrieben - oder keiner. Damit bleibt die Datenkonsistenz erhalten, wenn ein Arbeitsplatzrechner oder der File Server im Laufe einer Transaktion ausfällt. **TTS** macht **Arbeitsstationen** ausfallsicher, während **SFT** den **File Server** ausfallsicher macht.

Ist kein TTS vorhanden, besteht beim Absturz einer Arbeitsstation die Gefahr einer Datenbankbeschädigung, da unter Umständen nur ein Teil der vorzunehmenden Änderung gesichert wird. Um die gesamte Datenbank wieder herzustellen, müßte die Datenbank neu aufgebaut werden oder von vorhandenen Sicherungskopien übernommen werden. Wichtige Funktionen im Rahmen des TTS sind:

- Rollback, Automatic Rollback,

- explizite und implizite Transaktionen,

auf die im Rahmen dieser Ausarbeitung nicht näher eingegangen werden soll. Sie können im SK-NET Arbeitsbuch ausführlich nachgelesen werden.

14 Weitere Sicherheitssysteme von NetWare

Der Netzwerkbetrieb ermöglicht den angeschlossenen Arbeitsstationen, auf Daten im File Server zuzugreifen und mit ihnen zu arbeiten. Um Mißbrauch zu vermeiden, bietet NetWare ein ausgeklügeltes System über genau definierte Zugriffsberechtigungen und gewährt somit eine Kontrollmöglichkeit. Die Zugriffsberechtigungen erstrecken sich zum Beispiel auf:

- Benutzer wie: Supervisor, Konsole-Operatoren, Queue-Operatoren, User

- Benutzergruppen

- Directories

- einzelne Dateien

14.1 Der Supervisor

Er ist mit allen zur Verfügung stehenden Rechten ausgestattet und ist absoluter Herrscher über das System. Er ist der einzige, der neue User zulassen und alte User löschen kann. Der Supervisor selbst kann nie ignoriert oder gelöscht werden. Seine Existenz ist somit unantastbar. Jeder Netzwerkbetreiber sollte sich daher vor Inbetriebnahme des Netzes genau überlegen, wer Netzwerkverantwortlicher und somit Supervisor wird!

14.2 Konsole-Operatoren

Sie verfügen über Sonderrechte und dürfen den File-Server zum Beispiel DOWN fahren. Außerdem verfügen Sie über alle Funktionen des Utilities FCONSOLE = LAN-Kontrolle und Statistik eines Festplatten-Kanals.

14.3 Queue-Operatoren

Sie dürfen Eingriffe in eine Drucker-Warteschlange vornehmen.

14.4 User

User sind alle "normalen" Benutzer, die mit einer bestimmten Palette von Rechten ausgestattet sind. Die ihnen erteilten Zugriffsrechte (Trustee Assignments) bestimmen die Reichweite ihres Tätigkeitsfeldes.

Dieses System der Rechteverwaltung stellt somit ein weiteres wichtiges Sicherheitssystem von NetWare dar. Die Zugriffsrechte werden für die jeweiligen User durch die Erstellung eines sogenannten User-Profils (Login Script für den jeweiligen User) erzeugt.

14.5 Die Zugriffsrechte (Trustee Assignments)

NetWare ermöglicht die Vergabe von insgesamt 8 Rechten, die sogenannten Trustee Assignments (Abbildung 14-1), wie

READ   =   In geöffnete Dateien lesen

WRITE   =   In geöffnete Dateien schreiben

OPEN   =   Dateien öffnen

CREAT   =   Neue Dateien erstellen

DELETE   =   Dateien löschen

PARENTAL   =   Stammrechte in dem Directory

SEARCH   =   Directories durchsuchen

MODIFY FLAG   =   Datei-Attribute ändern

Abb. 14-1: Bildschirmbild: Trustee Assignments des Users A01

Wichtig : Wird einem User eine Kombination der obigen Zugriffsberechtigungen für den Zugriff auf ein bestimmtes Directory erteilt, dann gelten dies Rechte für alle darunter liegenden Subdirectories - es sei denn, es werden andere Rechte für diese Subdirectories definiert!

Eine genaue Beschreibung der NetWare-Zugriffsrechte sind dem SK-NET Arbeitsbuch zu entnehmen. Trustee Assignments werden im Programmteil SYSCON erteilt.

Die schnellste Art für einen User, Auskunft über seine Rechte zu bekommen, ist der Befehl RIGHTS. Das System kann ihm zum Beispiel die in Abbildung 14-2 dargestellte Meldung überbringen:

```
CORAL/SYS:PUBLIC
Your Effective Rights are [RWOCDPSM]:
You may Read from Files.                 (R)
You may Write to Files                   (W)
You may Open existing Files.             (O)
You may Create new Files.                (C)
You may Delete existing Files.           (D)
You may Change Users' Directory Rights.  (P)
You may Make new Subdirectories.         (P)
You may Erase existing Subdirectories.   (P)
You may Search the Directory.            (S)
You may Modify File Status Flags.        (M)
You have ALL RIGHTS to this directory area.
```

Abb. 14-2: Meldung über Trustee Assignments nach Erteilung des Befehls RIGHTS

Der User war hier in diesem Beispiel Supervisor, da ihm 8 Rechte aufgelistet werden.

Mit dem Befehl WHOAMI/ALL bekommt der User eine Globalauskunft. Das System teilt ihm zum Beispiel die in Bild 14-3 gezeigte Rechteausstattung mit:

```
You are user STEPH attached to server CORAL connection 1
Login Time: Wednesday  6 July 1988  18.34
You are security equivalent to the following:
EVERYONE (group)
ENTWICKLUNG (group)
SUPERVISOR (user)
You are a member of the following Groups:
EVERYONE (group)
ENTWICKLUNG (group)
You have the following effective rights:
[ALL]     CORAL/SYS:
```

Abb. 14-3: Meldung/Globalauskunft nach Erteilung des des Befehls WHOAMI/ALL

Wird vom Supervisor ein neuer User geschaffen, verfügt er über die Minimalausstattung der Rechte des Users GUEST. Diese Rechte können beliebig vom Supervisor ausgeweitet werden. Die Rechte des Users GUEST sind alle Rechte außer "P" für "Parental".

Rechte können direkt oder indirekt erteilt werden. **Direkt werden Rechte erteilt, wenn sie vom Supervisor erteilt werden.**

Indirekte Erteilung von Zugriffsrechten:

Im Rahmen des Security Equivalences können Rechte dadurch erteilt werden, in dem es dem User ermöglicht wird, zu seinen persönlichen Rechten auch Zugriffsberechtigungen zu Directories anderer User und Usergruppen zu bekommen. Man erteilt hierzu dem User1 einfach eine Security Equivalence zu User2, die ihm jederzeit wieder genommen werden kann. Es entfällt so der umständliche Weg, User1 mit denselben Rechten wie User2 zusätzlich auszustatten. (Abbildung 14-4.) Das selbe Verfahren kann auch bei Usergruppen angewandt werden.

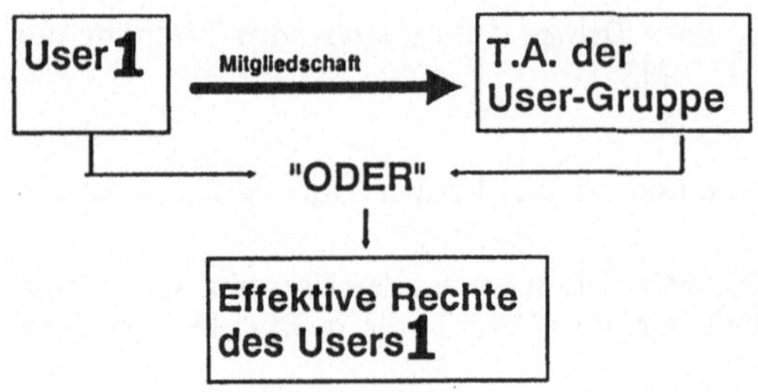

Abb. 14-4: Indirekte Erteilung von Zugriffsrechten mit Hilfe des Security Equivalence-Verfahrens.

Der User1 verfügt durch das Security Equivalence (Abbildung 14-4)

- über seine eigenen effektiven Rechte und

- über die Rechte einer User-Gruppe, in der er Mitglied ist.

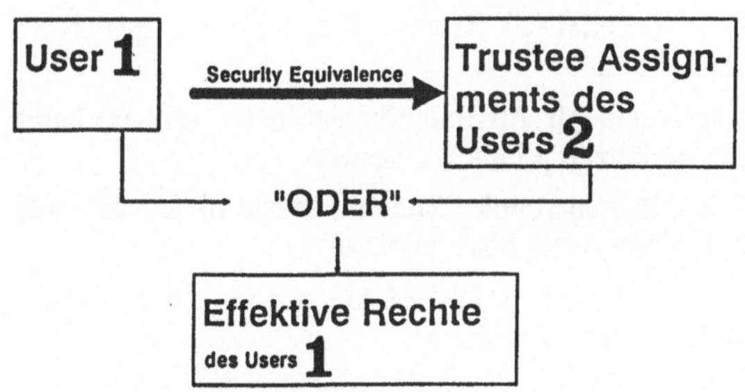

Abb. 14-5: Rechteerweitung zu einem anderen User (User2) mit Hilfe des Security Equivalence

Der User1 verfügt durch das Security Equivalence (Abbildung 14-5)

- über seine eigenen effektiven Rechte und

- über die Rechte des Users2.

14.6 Maximum Rights eines Directories

Wird ein Directory neu eingerichtet, wird von NetWare automatisch eine Maximum-Rights-Maske zugeordnet, d. h. es können alle 8 Rechte ausgeübt werden. Der Supervisor oder ein User, der über das Recht PARENTAL verfügt, kann aus dieser Maske Rechte streichen. Nur die in dieser Maske eingetragenen Rechte dürfen ausgeübt werden. Dasselbe gilt für die Subdirectories, wenn nichts anderes bestimmt ist. (Siehe oben!) Diese Filterung schränkt alle User, außer den Supervisor, ein. Sollte ein User über mehr Rechte verfügen, als die Maximum-Rights-Maske zuläßt, wird er automatisch in der Ausübung seiner Rechte in diesem Punkt beschnitten. Directory-Rechte sollten daher mit größter Vorsicht verändert werden.

Grundsätzlich gilt: Über das Security Equivalences erhält der User eine Ausweitung seiner Rechte, über die Maximum-Rights-Maske oft eine Einschränkung.

14.7 Einschränkungen durch Dateiattribute

Eine weitere Einschränkung der Zugriffsberechtigung kann auch durch Dateiattribute erreicht werden:

R/W = Read, Write. Eine Datei mit Attribut R/W kann gelesen und beschrieben werden, kann also verändert werden.

R/O = Read only. Eine Datei mit Attribut R/O kann nur gesichtet, nicht aber verändert werden.

SHAREABLE. Eine Datei mit Attribut Shareable (= teilbar) kann von mehreren Usern gleichzeitig benutzt werden.

NON-SHAREABLE. Non-Shareable Dateien können nicht von zwei oder mehr Benutzern gleichzeitig bearbeitet werden.

Datei-Attribute können mit dem Befehl FLAG oder mit dem Utility FILER gesichtet und abgeändert werden.

14.8 Das LOGIN mit Username und Paßwortvergabe

Eine zusätzliche Sicherheitsmaßnahme, das System vor unberechtigtem Zugriff zu schützen, ist das LOGIN. Beim LOGIN (Abbildung 14-6)

- erzwingt das System die Meldung des Benutzernamens durch den User,

- sichert das System über eine Paßwortabfrage die Identität des Users zusätzlich ab. Sie wird beim "eintippen" auf dem Bildschirm nicht sichtbar. Aus Sicherheitsgründen wird sie unterdrückt. (Abbildung 14-7.)

Achtung: Wird einem Außenstehenden das Paßwort des Supervisors bekannt, ist die Sicherheit des Netzwerkbetriebs lahmgelegt!

```
F>login
Enter your login name:
```

Abb. 14-6: Systemfrage nach dem LOGIN-Namen:

```
F>login supervisor
Enter your password:
```

Abb. 14-7: Systemfrage nach dem Paßwort:

14.8.1 Paßwort-Einschränkungen

NetWare bietet folgende Möglichkeiten der Paßwort-Einschränkungen, was eine weitere Sicherheitsmaßnahme für das System darstellt:

-    Verschlüsselte Paßwörter

Der Supervisor darf die Paßwörter der User nicht mehr einsehen. Er darf aber nach wie vor Paßwörter ändern.

-    Obligatorische Paßwörter

Der Supervisor legt fest, ob der User beim LOGIN gezwungen wird, ein Paßwort einzugeben. Er legt auch fest, ob der User sein Paßwort selbst ändern darf oder ob dies nur dem Supervisor gestattet ist.

-    Kontrollen des Paßwortes

Es ist möglich, die Mindestdauer und die Mindestlänge eines Paßwortes festzulegen. Wird ein regelmäßiger Wechsel des Paßwortes erzwungen, ist es möglich, zu entscheiden, ob bei der Angabe des neuen Paßwortes das alte als neues gelten darf oder nicht. Dem User kann nach dem Verfalldatum seines Paßwortes ein sogenanntes Bonus-Login eingeräumt werden. Er kann sich dann trotz seines ungültig gewordenen Paßwortes trotzdem in das Netzwerksystem einlogen.

-    Erkennung unberechtigter Eindringlinge

Der Supervisor kann hier eine Toleranzschwelle festlegen, mit deren Hilfe er einen Einbruchsversuch verhindern kann. Der Schwellenwert wird von der Anzahl der Verbindungsanfragen mit falschen LOGINs definiert.

14.9 Einschränkungen der Verbindungen

Es kann auch die Anschlußdauer an ein System, die Anzahl der Verbindungen eines Users und Stationsadressen (Zugriff des Users auf bestimmte Netzwerk-Adressen und Konten-Adressen) beschränkt werden.

Bsp.: Ein User darf nur von Montag bis Freitag in der Zeit von 8.00 Uhr 15.00 Uhr auf den File Server Zugriff nehmen. Außerhalb dieser Zeiten nicht; usw.

14.10 Einschränkungen über Konto-Limits

Ebenso kann der Zugang von Usern zu einem File Server einge-
schränkt werden. Hierzu werden Limits in einem Benutzerkonto
festgelegt. Werden die dort festgelegten Einheiten aufgebraucht,
wird das Konto und somit der Zugang zum File Server gesperrt. Es
können folgende Dienste berechnet werden:

-   Lesen von der Festplatte

-   Schreiben von der Festplatte

-   Dauer der Verbindung

-   Speichern von Daten

-   Beanspruchung von File Server-Diensten

Zur Festlegung bedient man sich des Utilities SYSCON. Dort wird
das Menue Accounting (Abbildung 14-8) geladen.

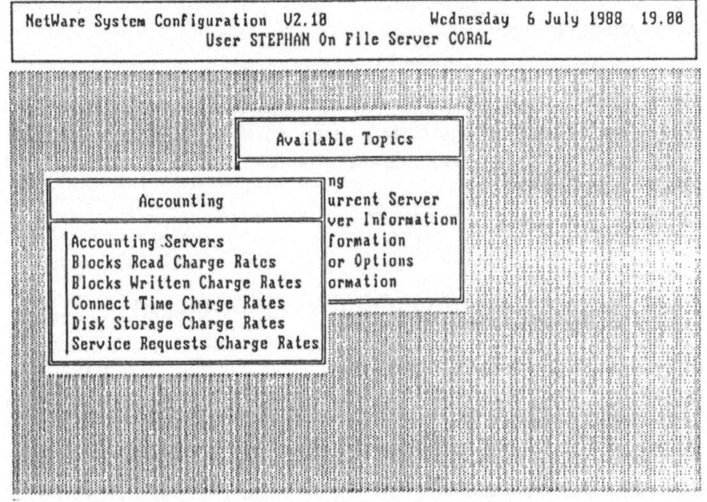

Abb. 14-8: Bildschirmabbildung des Accounting-Menüs in SYSCON

14.11 Automatisches Logout

Im 30-Minuten-Rhythmus prüft der File Server, ob der angeschlossene User weiterhin die Leistungen des File Servers in Anspruch nehmen darf. Stellt das System eine Limit-Überschreitung fest, beginnt nach einer Aufforderung an den User-PC, sich abzukoppeln, ein automatisches LOGOUT, wenn sich der User-PC nicht innerhalb von 4 Minuten danach, nach erneuter Aufforderung innerhalb einer weiteren Minute, selbst abgeschaltet hat. Beim automatischen LOGOUT wird der PC automatisch von der Teilnahme am aktiven Netzwerkbetrieb abgekoppelt und ausgegrenzt. Der User muß sich mit seinem PC wieder neu in das Netzwerk einloggen. Er hat jedoch erst wieder Zugang zum File Server, wenn ihm vom File Server eine neue Kredithöhe (Account Balance) eingeräumt wird.

15 Allgemeiner Leistungsumfang des Netzwerkbetriebssystems NetWare im Überblick

Ein Netzwerk bietet, neben den in den vorigen Kapiteln genannten Vorteilen bezüglich der Datensicherheit im Netz und anderer Sicherungssysteme, weitere zusätzliche Vorteile, die am Beispiel des NetWare-Betriebssystems von Novell in einem kurzen Überblick aufgezeigt werden sollen.

15.1 Beschleunigter Zugriff auf Daten im File Server

15.1.1 Directory-Caching

Hierunter versteht man das sortierte Ablegen von Directories und Disktabellen im Arbeitsspeicher des File Servers. Hierdurch können zeitraubende Suchläufe verkürzt werden.

15.1.2 Directory-Hashing

Es werden Dateien indexiert, was eine weitere Verkürzung der Suchzeit bedeutet. Das Directory-Hashing ersetzt die im DOS übliche sequentielle Suche.

15.1.3 File-Caching

Beim File-Caching wird dafür gesorgt, daß die am häufigsten benutzten Dateien vom System erkannt und von der Festplatte im RAM-Speicher des File Servers zwischengespeichert werden. Die Zugriffe auf die Dateien erfolgen dann mit "elektronischer Geschwindigkeit".

15.1.4 Elevator-Seeking

Unter Elevator-Seeking versteht man allgemein eine Optimierung der Positionierung des Schreib-/Lesekopfes. Hierdurch werden die

Zugriffszeiten bedeutend verkürzt und der Festplattenverschleiß deutlich reduziert.

15.1.5 Turbo-FATs

Mit Turbo-FATs wird ein schnelles Durchsuchen von Dateizuordnungstabellen von umfangreichen Dateien erlaubt. Es wird eine deutliche Verbesserung der Lesegeschwindigkeit erreicht. Turbo-FATs werden nur bei Dateien mit mehr als 10 MB benötigt. Es werden jedoch auch Dateien von 2 MB vom Betriebssystem gekennzeichnet, damit eine Indizierung beim Dateizugriff erreicht werden kann.

15.1.6 Parallele Plattenkanäle

Bei PCs, die unter DOS laufen, werden normalerweise die Schreib- und Leseoperationen über einen einzigen Kanal verarbeitet. NetWare bietet eine Platten-Coprozessor-Platine an, die bis zu vier Plattenkanäle gleichzeitig unterstützt. Es wird eine erhebliche Verbesserung des Gesamtdurchsatzes erreicht und lohnt sich beim Zugriff auf große Datenbanken.

15.2 Software-Kompatibilität

Die Kompatibilität von NetWare zu PC-DOS und MS-DOS ist für den Benutzer von entscheidender Bedeutung. Es wird gewährleistet, daß Mehrplatzprogramme auch unter DOS laufen. Auch alle Single-User Softwarepakete unter DOS laufen unter NetWare.

Eine NetBIOS-Emulation sichert die Kompatibilität mit NetBIOS-Anwendungen. Somit ist gesichert, daß alle Anwendungen für DOS und NetBIOS voll kompatibel zu SK-NET und NetWare sind. Auch das neue Betriebssystem OS/2 kann unterstützt und eingebunden werden.

15.3 Multiuser-Umgebung

NetWare sorgt mit Sperrschutzmaßnahmen für die Integrität und Konsistenz von Daten, wenn mehrere Benutzer denselben Datenbestand gemeinsam verwenden.

15.3.1 Record-Locking

Ein Datensatz wird für den Benutzer A solange gesperrt, wie B darin schreibt. Erst wenn B das Record freigibt, können wieder alle Benutzer auf den Datensatz zugreifen.

15.3.2 File-Locking

Die Wirkungsweise des File-Locking entspricht der des Record-Locking auf der Ebene einer ganzen Datei!

15.4 Virtuelle Konsole

Die virtuelle Konsole des Utilities FCONSOLE ermöglicht es allen autorisierten Benutzern, Konsole-Operationen von jeder Arbeitstation des Netzwerkes aus durchzuführen. Der Supervisor erhält dadurch eine erhebliche Erleichterung. Er muß nicht immer an der File Server Konsole sitzen. Es können die im folgenden beschriebenen Konsole-Operationen ausgeführt werden.

- Nachrichten senden

- Verbindungen kappen (Clear Station)

- File Server herunterfahren (Down)

- Aktuellen File Serverstatus ändern

- Dateisperrungen überprüfen

- Informationen über den LAN-Treiber lesen

- Dateien endgültig löschen (Purge)

- Informationen über die Software-Version lesen

- Statistiken anzeigen und erstellen und vieles mehr.

15.5 Das Druck-Spooling

An einen File Server können bis zu 5 Drucker oder Plotter angeschlossen werden, die von allen vernetzten PCs benutzt werden können. Das Print-Spooling erlaubt das Kanalisieren und Abarbeiten von bis zu 300 Dateien in einer Drucker-Warteschlange (Abbildung 15-1). Druckaufträge können gelöscht werden, auch kann die Priorität der einzelnen Druckaufträge manipuliert werden. Über NetWare können sowohl lokale Drucker (am Arbeitsplatz-PC angeschlossene Drucker) als auch Netzwerkdrucker (zentrale Drucker) angesteuert werden. Es werden werschiedene Drucker-Dienstprogramme angeboten wie z. B. CAPTURE, NPRINT, PCONSOLE, PRINTCON und PRINTDEF.

```
NetWare System Configuration  V2.00c          Sunday  March 27, 1988   6:55 pm
                  User SUPERVISOR On File Server FRANKE

                       Available Topics

                      Change Current Server
                      File Server Information
                      Group Information
                      System Login Script
                      User Information
```

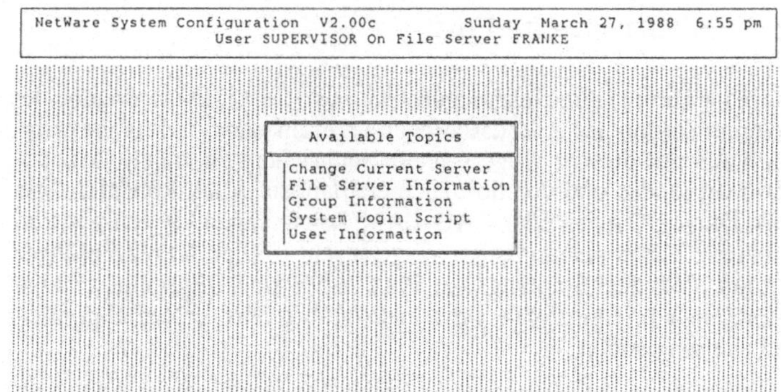

Abb. 15-1: Bildschirmabbildung des QUEUE-Hauptmenues

15.6 Benennung von Warteschlangen

Mit NetWare ist es möglich, Warteschlangen z. B. für die Funktionen drucken, archivieren oder sichern (backup) zu benennen. Die Warteschlange ist als eine Liste auszuführender Arbeiten anzusehen, die nacheinander abgearbeitet werden. Neue Arbeiten werden einfach hinten angehängt. Hierdurch wird eine wesentliche Erleichterung bei der Arbeitsabwicklung erreicht (Abbildung 15-2). Jede Warteschlange kann bis zu 255 Jobs aufnehmen und von mehreren File Servern bedient werden. Der Zugriff auf die Warteschlangen kann auf Operatoren, Benutzer oder Server beschränkt werden.

```
NetWare Print Queue Management  V1.00     Thursday  March 17, 1988   10:19pm
File Server  FRANKE Printer  0                      Status: Stopped/On-Line

       Seq   File Name        User Name

        01 | SPL00$01.007     A01
        02 | SPL00$02.003     A02
        03 | CEBIT            SUPERVISOR
```

Abb. 15-2: Bildschirmabbildung von in der Druckerwarteschlange-gespeicherten Druckaufträgen

15.7 Elektronische Post

Die Einrichtung einer elektronischen Post (MAILING) erlaubt die Kommunikation der Arbeitsstationen untereinander. Jede Arbeitsstation kann auf diesem Wege schnell Nachrichten an andere Arbeitsstationen senden und von dort auch empfangen. Auch Rohdaten, wie z. B. längere Dateien oder CAD-CAM/Zeichnungen können von den Arbeitsstationen untereinander ausgetauscht werden. Die Empfänger werden über den Empfang von Post durch eine Bildschirmanzeige sofort benachrichtigt. Die Post kann sofort oder später abgerufen und gelesen werden.

15.8 Stand-Alone-Nutzung

Jede Arbeitsstation kann als Einzelarbeitsplatz-System verwendet werden und sich hierzu jederzeit vom Netz ausloggen.

15.9 Dienstprogramme

NetWare bietet unter anderem die in Abbildung 15-3 dargestellten Dienstprogramme an.

BINDFIX	BINDFIX ist ein erweitertes Dienstprogramm zur Meldung und, wenn möglich, zur Reparatur von beschädigten Daten in der Bindery.
BINDREST	BINDREST ist ein neues Dienstprogramm, mit dem die Bindery in ihren vorherigen Zustand zurückversetzt wird. Nach dem Ausführen von Bindfix kann damit das Original wiederhergestellt werden.
COMPSURF	COMPSURF (COMPrehensive SURFace Analysis - umfassende Oberflächenanalyse) ist nun ein menügesteuertes Dienstprogramm; es erleichtert dem Supervisor die Lösung von Problemen mit dem Plattenspeicher. Außerdem können damit NetWare-kompatible Festplatten anderer Hersteller für den Betrieb mit NetWare formatiert werden.
DISKSET	DISKSET ist ein neues menügesteuertes Diestprogramm zur Programmierung des EPROM auf der Plattencoprozessorkarte, damit dieser spezielle Plattensubsysteme erkennen kann. Jedesmal, wenn Platten-Hardware hinzugefügt, geändert oder ausgetauscht wird, läßt der Supervisor DISKET ausführen, um die Platteneinstellungen anzupassen.
HOLDON	HOLDON war bisher ein Dienstprogramm für den Supervisor, mit dem eine Netzwerkdatei offengehalten wurde, so daß nicht zwei oder mehrere Benutzer gleichzeitigdarauf zugreifen konnten; HOLDON steht nun auch den Benutzern zur Verfügung. HOLDOFF, das Dienstprogramm zur Aufhebung von HOLDON, steht nun ebenfalls den Benutzern zur Verfügung.
MAKEUSER	MAKEUSER ist ein Dienstprogramm, mit dem eine große Anzahl von Benutzern neu aufgenommen werden kann.Der Systemverwalter legt dazu lediglich eine Textdatei an, und NetWare kümmert sich um die Einzelheiten. Mit MAKEUSER können auch Benutzergruppen und ihre Zugriffsberechtigungen, Verzeichnisse und Dateien gelöscht werden.
NETGEN	NETGEN ist ein menügesteuertes Dienstprogramm, mit dem die Installation und Konfiguration von NetWare flexibler wird. Sie ersetzt die alten Dienstprogramme GENOS, PREPARE und INSTALL.

SHGEN	SHGEN ist ein neues Dienstprogramm, über welches Benutzer konfigurierbare Stations-Shells anlegen können. Der Supervisor kann damit eine Shell anlegen, durch die der Interface-Hardware mehrere Adressen zugewiesen werden, um Adressierungskonflikte zu vermeiden. SHGEN ersetzt GENSH
USERLIST	USERLIST ist ein verbessertes Dienstprogramm, mit dem nun die Knotenadressen für alle angemeldeten Benutzer angezeigt werden können.
VERSION	VERSION ist ein neues Dienstprogramm, mit dem die Versionsnummern der ausführbaren Dienstprogramme angezeigt werden können.
VOLINFO	VOLINFO ist ein verbessertes menügesteuertes Dienstprogramm, mit dem angezeigt wird, wieviel Speicherplatz und wieviele Verzeichnisse jedem Verzeichnisbereich zugewiesen wurden. Außerdem wird angezeigt, wieviel Speicherplatz und wieviele Verzeichniseinträge zur Verfügung stehen.
VREPAIR	VREPAIR ersetzt das alte Dienstprogramm VOLFIX. Mit ihm können Probleme behoben werden, die mit beschädigten Dateisystemen zusammenhängen, wie zum Beispiel ungültige Verzeichniseinträge und beschädigte Sektoren. Die Befehle EOJOFF und EOJON wurden entfernt.
FLAG	FLAG umfaßt zwei neue Kennzeichen: "Indexed" zur Indizierung großer Dateien für schnelleren Zugriff und "Transactional" für die Transaktionsfortschreibung (TTS).
NCOPY	NCOPY ermöglicht nun auch das Kopieren in ein lokales Unterverzeichnis.
NDIR	Mit NDIR können nun noch mehr Informationen über Dateien und Unterverzeichnisse im aktuellen Verzeichnis angezeigt werden. Es ersetzt das Dienstprogramm UDIR.
SEND	Über SEND und SESSION können Benutzer nun Nachrichten sowohl an einzelne Benutzer als auch an Benutzergruppen senden.
SLIST	SLIST verfügt nun über eine Stopfunktion, die das Blättern unterbricht, wenn der Bildschirm voll ist.
SMODE	SMODE ist ein neues Dienstprogramm, durch das der Benutzer für ausführbare (COM und EXE) Programme festlegen kann, wie sie auf Suchlaufwerken nach Datendateien suchen.

Abb. 15-3: NetWare-Dienstprogramme

Weitere Einzelheiten sind dem SK-Net Handbuch zu entnehmen.

16 Netzwerküberwachungungsprogramme

Zur Überwachung der am Netzwerk angeschlossenen User-PCs gibt es auf dem Markt speizielle Überwachungsprogramme. Sie ermöglichen es zum Beispiel dem Supervisor, sich in die Aktivitäten am Netz angeschlossener User-PCs einzuschalten und direkte Hilfestellungen zu geben. Eines dieser Überwachungsprogramme ist LAN ASSIST (Abbildung 16-1).

Dieses Verfahren hat sich besonders im Bildungssektor bewährt. Der Lehrer kann sich die Bildschirminhalte des Users (Schülers) auf seinen Lehrermonitor laden, ansehen und Korrekturen vornehmen. Der Lehrer übernimmt hierzu gleichzeitig die Tastatur des Schülers. Während des Eingreifens durch den Lehrer ist die Schülertastatur gesperrt, gleichzeitig leuchtet am Bildschirm ein Signal auf, das dem Schüler das Eingreifen des Lehrers signalisiert. Der Lehrer kann sich auf diese Art und Weise immer vom aktuellen Kenntnissstand der Schüler überzeugen. Dem Lehrer ist es auch möglich, alle Tastaturen zu sperren. Der Vorteil ist, daß der Lehrer ungestört an der Tafel Erklärungen abgeben kann. Die Schüler sind so gezwungen, der Erklärung zu folgen und können nicht mehr unbefugte Tastatureingaben und sonstige "Spielereien" vornehmen.

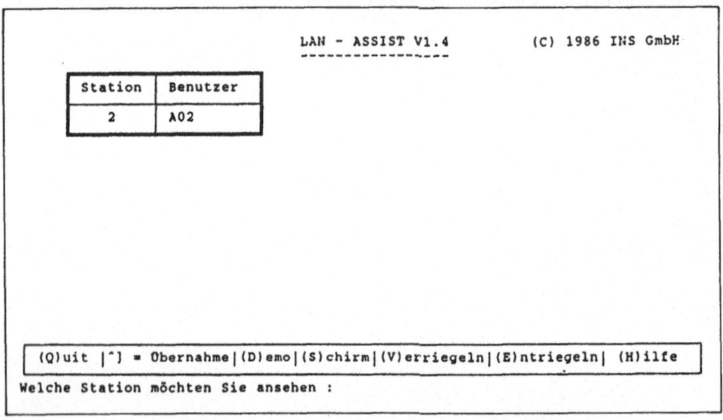

Abb. 16-1: Bildschirmabbildung des Überwachungsprogramms LAN-ASSIST

Doch auch in Betrieben kann ein solches Programm sinnvoll eingesetzt werden. Gibt es zum Beispiel Probleme mit der Softwarebedie-
nung, kann der Supervisor auf die selbe Art und Weise, wie dies
beim Lehrer der Fall ist, helfend eingreifen. Lange uneffiziente Tele-
fongespräche oder Laufwege zum jeweiligen Arbeitsplatz des An-
gestellten entfallen.

Solche Hilfe-Programme bedürfen keinerlei besonderen Verkabelung. Sie laufen in der Regel unter der jeweils verwendeten Netzwerk-Software.

17 Vernetzung und High Tech in der Praxis

Wie schon eingangs erwähnt, nimmt die Vernetzung von DV-Systemen in allen Bereichen unseres Wirtschafts- und Gesellschaftssystems ständig zu. Modernste High Tech-Anlagen kommen zum Einsatz, um den steigenden Bedarf an Information mit einer möglichst schnellen Form der Kommunikation zu decken. Dabei bedient man sich zum Beispiel der nachfolgenden Konfigurationen.

17.1 Vernetzung und High Tech in der Schulorganisation

Die Unterrichtsinhalte des Faches Maschinenschreiben wurden bisher immer mit Hilfe von Schreibmaschinen vermittelt. Doch die reine Tastaturschulung reicht künftig nicht mehr aus, um den Anforderungen der modernen Textverarbeitung gerecht zu werden. Es muß zusätzlich der Umgang mit zeitgemäßen DV-Systemen und der Umgang mit leistungsfähiger Software erlernt werden. Normen wie DIN 5008 und DIN 676, die für die Briefgestaltung von größter Bedeutung sind, gilt es mit Hilfe neuer Technologien umzusetzen. Dies ist im Vergleich zur Schreibmaschine viel schwieriger, wenn man dabei nur an das Erstellen von Masken zum Beschriften von Briefvordrucken, Formularen usw. denkt.

Auch in anderen Fächern ist der Computer wesentlicher Bestandteil des Unterrichtsalltages geworden. Seine Bedeutung wird im Zuge der ständigen Weiterentwicklungen in diesem Bereich noch mehr zunehmen. Die Anforderungen an die Lehrer, die diese Fächer unterrichten, sind im gleichen Maße gestiegen. Im Fach Maschinenschreiben wurden bisher zwischen 24 und 30 Schüler in einem Klassenzimmer unterrichtet. Das bedeutet, daß im Zuge der Neuausstattung der Unterrichtsräume jeder Schüler an Stelle einer Schreibmaschine künftig einen PC erhalten wird. Die Probleme bei Einzelplatz-Lösungen liegen auf der Hand. 24 Geräte mit Festplatten entwickeln viel Lärm. Ohne Festplatten kann man jedoch bei dem enormen Umfang der Programme nicht mehr arbeiten. Pro Arbeitsplatz ist ein Drucker erforderlich. Der Platzbedarf auf den Arbeitstischen ist ebenfalls gewaltig.

Die Überwachung der Geräte durch den Lehrer ist bei 24 Schüler nahezu unmöglich, ebenso die Verwaltung der anfallenden Disket-

tenmengen. Die Datensicherheit, hauptsächlich bei Prüfungen, muß
sichergestellt werden.

Die einzige Möglichkeit, die hier aufgezeigte Problematik zu lösen,
ist zweifellos die Vernetzung in Form des LAN. Der Unterrichts-
raum für Text- und Datenverarbeitung sieht künftig daher wohl wie
folgt aus:

1. Jeder Schüler sitzt vor seinem PC und lernt dort als Anfänger das
Tastschreiben und im Folgejahr als Fortgeschrittener die Textverarbeitung. Dem Schüler werden vertiefte Kenntnisse in einem Textver-
arbeitungsprogramm oder Datenverarbeitungsprogramm vermittelt.

2. Die PCs sind mit einem leistungsfähigen Netz verbunden. Der
Lehrer steuert die gesamte Anlage mit Hilfe eines Überwachungs-
programmes vom Lehrerplatz aus. Er ist Supervisor und kann in die
Schülergeräte helfend eingreifen.

3. Fällt der File Server aus, kann der Unterricht, abgesehen von einigen wenigen Einschränkungen, trotzdem fortgesetzt werden, wenn
als Betriebssystem z. B. MS-DOS verwendet wird. Jedes Schülerge-
rät besitzt seine eigene Intelligenz und kann bei Netzstörungen vor-
übergehend als Einzelplatz verwendet werden. Der Unterricht muß
nicht ausfallen.

4. Die Herstellerabhängigkeit entfällt, da nahezu jede auf dem
Markt befindliche Soft- und Hardware eingesetzt werden kann.

Die Vernetzung bietet außerdem den Vorteil, schulorganisatiorische
Probleme zu lösen. Die Räume werden multifunktional, da sowohl
Text- als auch Datenverarbeitung in einem einzigen Saal unterrichtet
werden kann. Der Saal ist technologisch ausbaufähig, das heißt, auch
künftige Entwicklungen, wie zum Beispiel Desktop-Publishing, können berücksichtigt und in den Unterricht aufgenommen werden. Die
Realisierung des fächerübergreifenden Unterrichts wird problemlos.
Durch den Einsatz des oben erwähnten speziellen Überwachungs-
programmes kann außerdem die übliche und bewährte traditionelle
Sitzordnung für den Frontalunterricht beibehalten werden (Abbildung 17-1).

Je nach Stand der Entwicklung an den jeweiligen Schulen ist es
durchaus denkbar, daß durch Host-Einsatz sämtliche mit DV-Gerä-
ten bestückten Klassenräume untereinander vernetzt werden, einschließlich der in der Schulverwaltung eingesetzten DV-Geräte.
Über Bridges und Gateways könnte der Zugang zu anderen Schulen,
zu den Oberschulämtern, zum Kultusministerium und zu den Ämtern
der Stadt usw.hergestellt werden. Vom LAN zum WAN wäre durchaus auch in der Schulorganisation realisierbar und würde erhebliche
Arbeitserleichterungen bringen. Im praktischen Unterricht könnte
auch auf Datenbanken zugegriffen werden, wie z. B. auf die Datenbank der DIMDI, Deutsches Institut für medizinische Dokumenta-
tion und Information, in Köln, wenn es um die Vermittlung von Un-

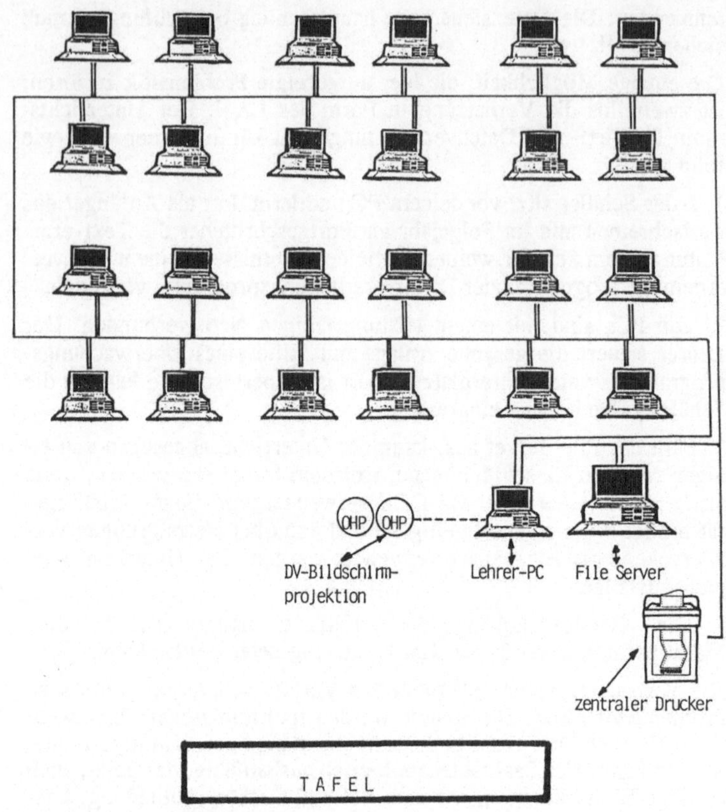

*Abb. 17-1: Möglichkeit der Ausstattung eines lokal vernetzten Rau-
mes für den Unterricht in Daten- und Textverarbeitung*

terrichtsinhalten für Arzthelferinnen geht, und vieles mehr. Hierzu
wäre ein DATEX-P-Anschluß über die X.25-Schnittstelle erforderlich.

17.2 Vernetzung und High Tech in der
Betriebsorganisation

Auch in der Betriebsorganisation, sei es in Wirtschaft oder Verwaltung, ist der Computer nicht mehr wegzudenken und zur Erhaltung
der weltweiten Wettbewerbsfähigkeit erforderlich. Der weltweite
Handel mit Geschäftspartnern auf allen Kontinenten ist künftig nur

durch die Vernetzung der DV-Systeme den Anforderungen entsprechend realisierbar. Der Schritt vom LAN zum INTERNET (oder
WAN) und weiter zum GAN wurde bereits vollzogen. Die Systeme
werden weltweit weiter ausgebaut und verfeinert. Besonderes ge-
achtet wird dabei auf die Datensicherheit und den Datenschutz.

17.2.1   EDV-Konfiguration im Sozialamt Enzkreis

Abbildung 17-2 zeigt ein Praxisbeispiel für eine EDV-Konfigura-
tion.

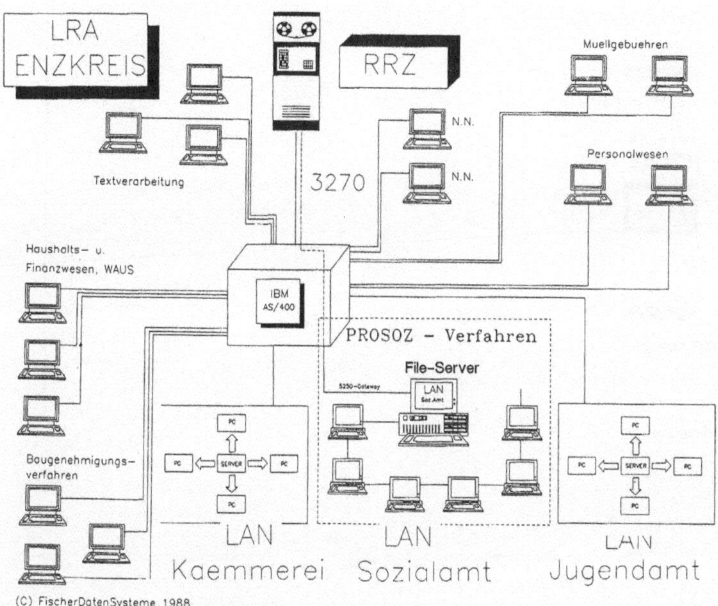

Abb. 17-2: 1. Praxisbeispiel

17.2.2   Netzwerk-Konfiguration der Stadt Pforzheim

Abbildung 17-3 stellt eine weitere Netzwerk-Konfiguration beispiel-
haft dar.

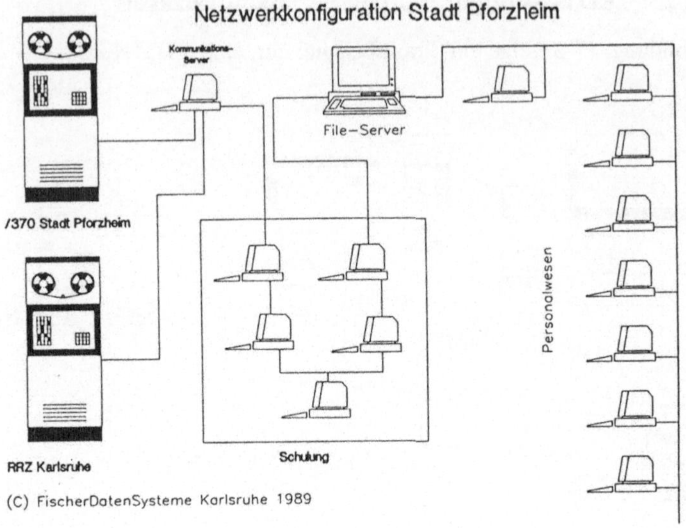

Abb. 17-3: 2. Praxisbeispiel

18   Schlußbetrachtung

Ohne Vernetzung und High Tech wäre unsere Wirtschaft und Gesellschaft im Zeitalter der Informationsgesellschaft nicht mehr denkbar. Sie ist auf den schnellen nationalen und internationalen Nachrichtenaustausch angewiesen. Die Information ist somit zwangsläufig zu einem eigenständigen Produktionsfaktor geworden.

Die Telekommunikation befindet sich im totalen Wandel:

-   von der Analogtechnik zur Digitaltechnik

-   von Einzelnetzen zum integrierten Netz

-   vom Kupferkabel zum Glasfaserkabel

Die ständigen Weiterentwicklungen in der Mikroelektronik brachten intelligente Systeme hervor, die aufgrund ihrer Leistungsfähigkeit fester Bestandteil des Produktionsprozesses wurden.

Es kommt immer mehr zu einem Zusammenwachsen von Telekommunikation und Informatik. Der Franzose Simon Nora prägte 1978 den Begriff der TELEMATIK, zusammengesetzt aus tele- (griech.: "fern"; für Telekommunikation, Fernmeldewesen) und den letzten zwei Silben des Wortes In- formatik (Informationslehre, Informationstechnik, Computerwissenschaft und -technik).

Die Telematik ist das Zusammenwachsen der elektronischen Informationsmedien (Computer, Datenbanken, Bildschirmtext, Radio, Fernsehen usw.) und der Telekommunikation (Kommunikation zwischen Menschen untereinander und mit Maschinen mit Hilfe von nachrichtentechnischen Übertragungsverfahren, der Nachrichtenaustausch über Vermittlungs- und Verteilnetzen und den dazugehörigen Endgeräten) auf der Basis neuer Techniken des Informationsaustausches mit Hilfe der Vernetzung.

Die Telematik wird künftig unser Leben in noch größerem Umfange bestimmen, als dies bisher der Fall war.

Die Deutsche Bundespost reagiert auf diese Tatsache mit der Weiterentwicklung des Fernmeldenetzes zum ISDN-Netz und später zum IBFN-Netz, das aus der Abbildung 18-1 ersichtlich ist.

Parallel zu den Maßnahmen der Deutschen Bundespost entwickelt die Industrie neue leistungsfähige Verfahren, um die neuen Netzwerkvorteile voll nutzen zu können (z. B. FDDI).

Vernetzung und High Tech werden daher künftig unser Leben unwiderruflich und unaufhaltsam in noch stärkerem Maße prägen und so die Basis zur Lösung vieler Probleme bilden.

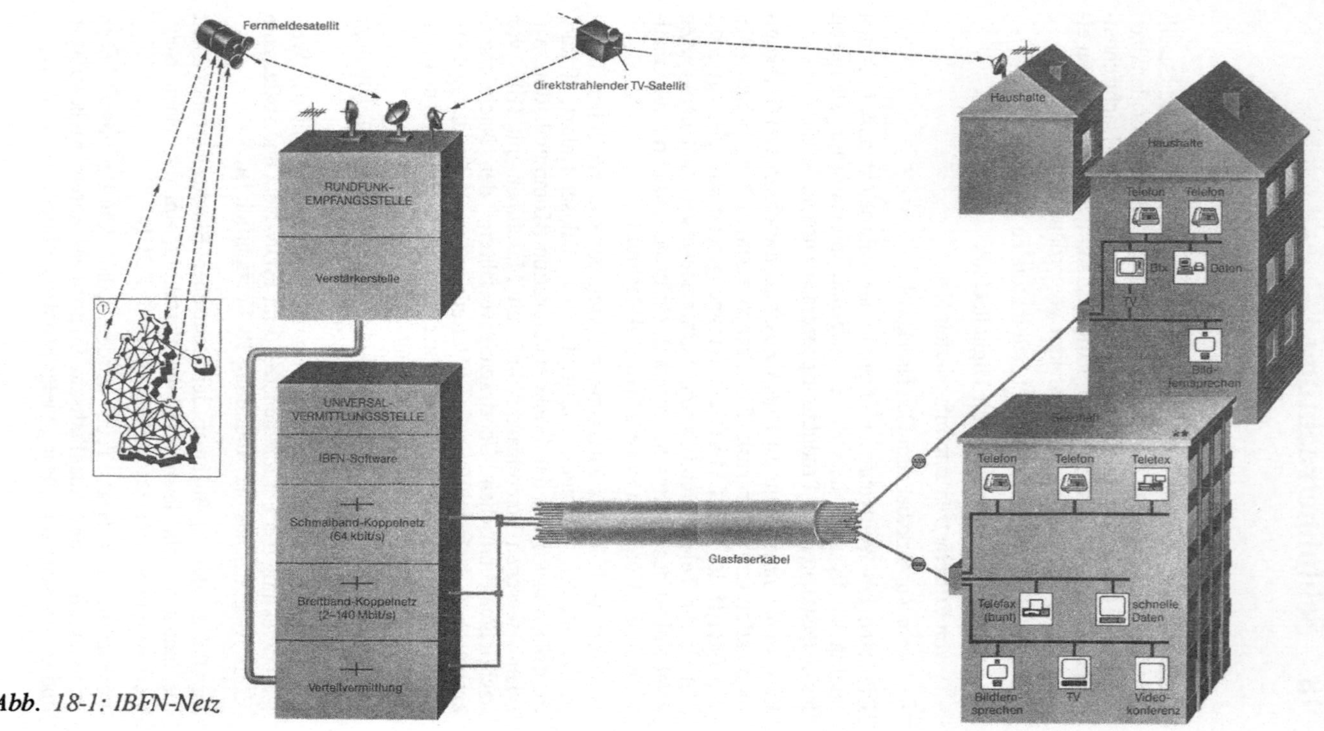

Abb. 18-1: *IBFN-Netz*

Quellenverzeichnis

Bücher:

Blomeyer-Bartenstein, Personal Computer — das intelligente Werkzeug für jedermann, 2. Auflage, Verlag Markt & Technik,
ISBN 3-89090-115-8

Blomeyer-Bartenstein, Both, Rüdiger, Datenkommunikation und Lokale Computer-Netzwerke Grundlagen und Einsatz der Telematik, 2. Auflage, Verlag Markt & Technik,
ISBN 3-89090-376-2

Diemer, Wolfgang R.; Lokale Netzwerke, kurz und bündig, Chip-Wissen, Vogel-Buchverlag Würzburg,
ISBN 3-8023-0789-5

Dieterle, Gerhard; Bürkommunikation Teil 3: Local Area Networks, Manager-Info, Datakontext-Verlag,
ISBN 3-921899-50-8

Dumitriu, Petru; „ABC der neuen Medien"; R. v. Decker & C. F. Müller Verlag, Im Weiher 10, 6900 Heidelberg,
ISBN3-7685-6384-7

Dumitriu, Petru; „Die neuen Medien"; R. v. Decker & C. F. Müller Verlag, Im Weiher 10, 6900 Heidelberg,
ISBN 3-7685-5784-7

Hansen, H. R.; Wirtschaftsinformatik I, 5. Auflage, Uni Taschenbücher 802,
ISBN 3-437-40172-6

Höring, Bahr, Struif, Tiedemann; Interne Netzwerke für die Bürokommunikation, Technik und Anwendungen digitaler Nebenstellenanlagen und von Local Area Networks (LAN) net-Buch Telekommunikation, Praxis R. v. Decker's Verlag G. Schenk, Heidelberg,
ISBN 3-7685-9883-7

Hofer, H.; Datenfernverarbeitung, Einführung, 3. Auflage, Springer-Verlag, Berlin, Heidelberg, New York, Tokyo,
ISBN 3-540-13165-5; ISBN 0-387-13165-5

Hoskins, Jim; IBM Personal System/2, Beschreibung, Einsatz, Anwendung, Technische Details, Friedr. Vieweg & Sohn Verlag, Braunschweig, Wiesbaden,
ISBN 3-528-04419-5

Schicker, P.; Datenübertragung und Rechnernetze, Leitfaden der angewandten Informatik, Verlag B. G. Teubner, Stuttgart,
ISBN 3-519-02463-2

Tannenbaum, Andrew S.; Computer Networks, Second Edition, Prentice-Hall International,
ISBN 0-13-166836-6

Fachzeitschriften

Orgadata; Ausgabe 6/88, Konradin Verlag Roberg Kohlhammer GmbH, Leinfelden-Echterdingen

Glasfasertechnik verständlich gemacht; Philips Kommunikations Industrie 5000 Köln 80

Neue Wege der Rundfunkversorgung; Bundesministerium für das Post- und Fernmeldewesen, Referat 224, Marketing Kabelanschluß, Bonn KNr 658 132 852

Neue Wege für mehr Information; Einführung in die Technik der Neuen Medien; Bundespostministerium und Universum Verlagsanstalt Wiesbaden

Neue Medien; Neue Telekommunikationsdienste der Post; Bundespostministerium und ABC Presse-Information Düsseldorf

Konzept der Deutschen Bundespost zur Weiterentwicklung der Fernmeldeinfrastruktur; Der Bundesminister für das Post- und Fernmeldewesen Stab 202, Bonn, 1984

ISDN – die Antwort der Deutschen Bundespost auf die Anforderungen der Telekommunikation von morgen; Der Bundesminister für das Post- und Fernmeldewesen, Referat 247, Bonn 1984

Datenübertragung über Fernmeldewege der Deutschen Bundespost; Fernmeldetechnisches Zentralamt, Referat Kundenberatung für Dateldienste, Darmstadt, Best. Nr.: 59 (08/83)

Der Datenübermittlungsdienst im öffentlichen Telekommunikationsnetz; Möglichkeiten der Dateldienste; dto. Best. Nr. 59 (03/88)

Daten-Kommunikation; 2. Auflage; Franzis-Verlag GmbH, München, Bearbeitet für die Zeitschrift: ELEKTRONIK

Computer persönlich; Ausgabe 11/87, Computer persönlich; Ausgabe 9/88, Computer persönlich; Ausgabe 19/88, Verlag Markt & Technik, Haar bei München

Der Netzwerker; Ausgabe 3, Herbst 1987, Der Netzwerker; Ausgabe 4, März 1988, Der Netzwerker; Ausgabe 5, Oktober 1988, LAN-Technologie von Schneider & Koch & Co., Karlsruhe

Arbeitsbuch Ethernet-LAN, SK-NET unter Novell Advanced NetWare; 1. Auflage

dto.; 2. Auflage, Teil A + B, Oktober 1988 Schneider & Koch & Co., Karlsruhe

Das IBM Token-Ring-Netzwerk; IBM Enzyklopädie der Informationsverarbeitung, IBM Deutschland GmbH, Stuttgart 80; Nr. P12-1386-1 (2/87)

IBM Telekommunikation Lokale Netze mit IBM-Systemen; dto. Nr. GM12-5021-1

Information des DIN über BNC-Strecker und Ethernet; Schreiben vom 10.01.1989

Lexikon zur Datenverarbeitung; Verlag rororo Reinbeck bei Hamburg
  ISBN 3-499-16220-2

a — z Lexikon der modernen Elektronik; Verlag Markt & Technik
  ISBN 3-89090-08-1

Abbildungen:

Die Originalabbildungen sind von Schneider & Koch & Co, Datensysteme,
Karlsruhe überlassen worden.

Index

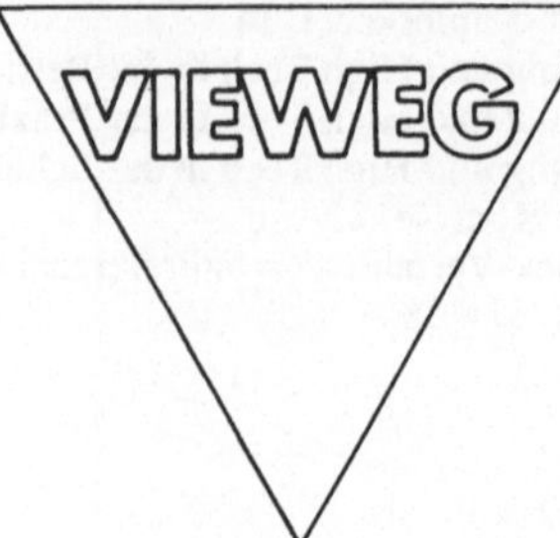

Heinz-Peter Herbert

Programmierhandbuch zu dBASE IV

Für Umsteiger von dBASE III Plus auf dBASE IV.

Ein Ashton Tate/Vieweg-Buch. 1989. X, 238 Seiten mit einer 5 1/4"-Diskette für IBM PC und Kompatible 16,2 x 22,9 cm. Gebunden.

Inhalt: Einsatz von dBASE IV in lokalen Netzwerken: Voraussetzungen und Beispiele – Installation des dBASE-Systems – Datenschutz und Datensicherheit – dBASE IV – LAN-Kommandos – Im Dialog arbeiten – Entwicklung einer Netzwerkapplikation.

Ziel dieses Buches ist es, den Einsatz eines PC-Datenbanksystems im Allgemeinen und dBASE IV im Besonderen im Mehrbenutzerbetrieb aufzuzeigen. Im Buch wird beschrieben, wie man eine Applikation mit dBASE IV auf Basis von Novell Netware entwickelt und zum Einsatz bringt. Das vorgestellte Programm ist ein vollständiges, lauffähiges und sofort einsetzbares Termin- und Aufgaben-Management-Tool unter dBASE IV. Es kann im Netz, aber auch am Einzelplatz eingesetzt werden.

Das Buch gliedert sich in zwei Teile: der erste ist theoretischer Natur und beschreibt ausführlich die Probleme des Netzwerkeinsatzes für die Anwendung mit dBASE IV. Der zweite Teil – das ist der praktische – stellt leicht nachvollziehbar die Applikation vor: das Software-Paket für jeden dBASE-Anwender.

Ein Buch/Software-Paket für den professionellen Nutzer.